MÉTHODE

DU

MOT THÉORIQUE GRAMMATICAL

POUR APPRENDRE EN QUELQUES MOIS

UNE LANGUE MORTE OU VIVANTE

AVEC OU SANS LE SECOURS D'UN MAITRE

Sans être astreint aux exercices des *Thèmes*, des *Versions* et des leçons de mémoire

PAR

C.-L.-A. LETELLIER

Chevalier de la Légion d'Honneur, ancien inspecteur de l'Université.

Deuxième Édition.

CAEN

CHEZ L'AUTEUR, RUE DE BAYEUX, 99.

1870

MÉTHODE

DU

MOT THÉORIQUE GRAMMATICAL

POUR APPRENDRE EN QUELQUES MOIS

UNE LANGUE MORTE OU VIVANTE

AVEC OU SANS LE SECOURS D'UN MAITRE

Sans être astreint aux exercices des *Thèmes*, des *Versions* et des leçons de mémoire

PAR

C.-L.-A. LETELLIER

Chevalier de la Légion d'Honneur, ancien inspecteur de l'Université.

Deuxième Édition.

CAEN

Chez L'AUTEUR, rue de Bayeux, 99.

1870

CAEN, TYPOGRAPHIE GOUSSIAUME DE LAPORTE.

Que les membres du corps enseignant qui ont, comme nous, appris et propagé si péniblement, sous le joug de la routine scolaire, les éléments des langues, nous permettent de leur dédier cette application de la THÉORIE DU LANGAGE.

Puissent-ils n'être pas rebutés par cette œuvre didactique dont l'aridité disparaît au bout de trois ou quatre jours, pour faire place à une lucidité pleine de jouissance!

Puissent-ils, armés désormais de la clef des langues, s'enrichir de plus en plus des trésors de la philologie, ménager à leurs successeurs des fonctions rendues moins amères par les progrès sensibles et continus de leurs élèves, et faire valoir ainsi de nouveaux titres à la reconnaissance publique!

TABLE DES MATIÈRES.

PRÉFACE.

On nous demandait un volume d'application pour chacune des quatre langues dont nous ne présentions les mots théoriques que sous forme de *spécimen*.

Avant d'entraîner les étudiants dans des frais qu'ils peuvent éviter, nous leur offrons, dans cette nouvelle édition, une initiation complète à ces quatre langues (latin, grec, anglais et allemand).

Quoique notre méthode permette de s'adresser tout d'abord aux écrivains les plus sérieux, et de s'instruire dans les langues en suivant les écrits des orateurs, des philosophes ou des historiens; cependant, pour nous conformer aux habitudes contractées par l'emploi des autres méthodes, nous avons choisi des ouvrages réputés élémentaires. Le *Selectæ*, pour le *latin*, les Fables d'Esope, pour le *grec*, les Fables de Lessing, pour l'*allemand*, et un essai très-simple de Hume pour l'*anglais*. C'est avec soixante lignes environ de ces ouvrages qu'on obtiendra une initiation sérieuse à la langue qu'on veut apprendre.

Ainsi : deux grandes pages tirées de chacune de ces langues, et, en regard, ligne pour ligne, les mots théoriques qui correspondent aux mots du texte; reproduction de vive voix ou mentalement, sur les mots théoriques, des lignes de la langue étrangère; ne procéder que lentement, et n'embrasser deux lignes à la fois qu'au bout d'une quinzaine de leçons; mais revenir *chaque fois* sur les lignes déjà étudiées; si, par malheur, la mémoire suppléait au travail mental et le réduisait à une *récitation*, déjouer cette routine en intervertissant tantôt les phrases, tantôt les mots : voilà le mode d'application.

Après cinq ou six semaines d'étude, quand on aura acquis les 2,000 notions et plus, qui sont le fruit de ce premier travail et qui restent à tout jamais dans l'esprit, on pourra composer soi-même les mots théoriques d'après les principes exposés dans la méthode.

Le Chapitre V, qui n'existait pas dans notre première édition renferme :

1° Des considérations générales sur lesquelles nous appelons l'attention des étudiants ;

2° Un supplément spécial pour la confection des mots théoriques des quatre langues classiques ;

3° Les pages ou ces quatre langues sont traitées, de manière à initier au quart environ des notions que l'on doit acquérir pour savoir une langue.

L'application relative à chaque langue offre dans les *considérations générales* des détails qui pourront exercer la sagacité du maître et des étudiants. Ainsi, lorsque, après quelques lignes débitées à l'inspection des mots théoriques, on jugera convenable de comparer les mots acquis avec les principes fournis par la grammaire, il ne faudrait point passer en revue *à la fois* les questions si nombreuses dont on attend la solution. C'est après plusieurs jours consacrés à l'étude du *verbe*, par exemple, que l'on consultera la grammaire sur l'*adjectif* ou ......; mais si cette revue de la grammaire est utile et prépare bien l'esprit aux acquisitions postérieures, elle est loin d'être comparable, pour sa valeur, aux trois exercices indiqués dans les considérations générales (1° 2°, 3°), qui sont les véritables fondements de la méthode.

Nous voudrions pouvoir répéter à chaque page : *Ne vous effrayez pas des* MOTS PUREMENT GRAMMATICAUX ! Soit que vous composiez les mots théoriques du français ou d'une langue étrangère ; soit que vous reproduisiez sur ces mots le texte dont ils sont l'analyse ; ouvrez la méthode à la page 30, consultez le tableau *resté sous vos yeux* pendant le temps que vous consacrez à l'étude, et bientôt l'exercice aplanira toute difficulté. Ce qui serait rebutant, ce serait de chercher *à priori* le souvenir exact de ces mots qui jouent un si grand rôle dans toutes les langues.

AVERTISSEMENT.

(N.-B.—Relire cet avertissement quand on se sentira ou incertain, ou fatigué, ou découragé.)

Ainsi qu'on va le voir, pour apprendre une langue par la méthode du mot théorique grammatical, il faut trois volumes : une bonne grammaire, un seul dictionnaire (celui qui donne les mots de cette langue avec leur signification en français) et un bon ouvrage écrit dans cette langue avec la traduction française.

Mais avant d'utiliser ces trois volumes, il faut faire subir à la langue française le travail exposé dans le chapitre Ier.

Les personnes qui connaissent l'analyse grammaticale, en consultant les tableaux des pages 17 et 30 et les explications des pages précédentes, formeront immédiatement les mots théoriques. Celles qui sont neuves devant cette analyse, ou qui l'auront tout-à-fait perdue de vue, en suivant exactement les sept exercices de la méthode, ne seront pas huit jours arrêtées par ce travail préparatoire.

Le chapitre II ne doit pas inquiéter l'étudiant. La seconde lettre initiale (voyelle) suffit le plus souvent pour rappeler l'analyse du mot *purement grammatical.*

Le tableau de ces mots (page 30 et 31) en y joignant le supplément du chapitre V, permettrait d'aborder les exemples offerts dans ce chapitre et de s'attacher de suite à l'étude d'une langue étrangère; mais au lieu d'embarrasser l'esprit en lui présentant à la fois toutes les conventions, il est préférable de se livrer sur le français à des exercices semblables à celui de la page 35; au moins, il importe de chercher à mettre les phrases françaises sous les mots théoriques de cet exercice, et de parvenir à lire couramment le petit morceau.

Nous ne pouvons nier, puisque nous en avons vu la preuve, qu'on ne puisse attaquer tout d'abord l'exemple donné dans les dernières pages de la brochure sur la langue qu'on étudie ; en revenant sur la valeur analytique des mots théoriques, on apprendrait ainsi la langue et la méthode en même temps ; mais tout le monde n'a pas la force de volonté et de persévérance qu'exige cette marche.

Quand on connaît bien les deux premières lettres des mots purement grammaticaux, on peut hardiment passer au chapitre III.

Le chapitre III ne doit pas retenir longtemps : aussitôt qu'on aura acquis la conviction qu'on peut retrouver la phrase française sous les mots qui l'analysent, rien n'empêchera d'aborder la langue étrangère morte ou vivante que l'on désire s'approprier.

Ce travail préliminaire pourra dégoûter quelques personnes auxquelles il répugnera de revenir aux travaux de l'école primaire ; nous les plaignons sincèrement, car elles verront en deux ou trois mois les partisans de notre méthode plus avancés dans leur étude qu'elles ne le seraient elles-mêmes en deux ou trois ans. D'ailleurs, cette analyse, qu'elles acquerraient ainsi avec facilité et qui leur fait défaut, leur permettrait de rectifier plus d'une erreur qu'elles ont dû commettre à leur insu dans les règles élémentaires et les constructions de la langue française.

La formation du mot grammatical peut souvent donner lieu à discussion (*grammatici certant*), surtout pour les mots purement grammaticaux : ainsi les adverbes, au commencement des phrases, comportent une idée de liaison qui les rapprochent des conjonctions et réciproquement ; dans ces mots encore, la deuxième lettre laissera planer l'incertitude sur la *situation* ou le *lieu*, la *manière*, le *but*, la *quantité* et la *comparaison*, etc. ;

mais ce qui serait sérieux à un autre point de vue ne l'est pas pour l'étude d'une langue étrangère. L'appréciation erronée de l'étudiant se rectifiera, s'il est utile, d'elle-même dans le cours de son étude. Pourvu qu'il soit d'accord avec lui-même, il ne gravera pas moins dans ses souvenirs les mots étrangers et leur manière de figurer dans les phrases de cette langue inconnue pour lui.

Lorsque la langue étudiée n'a pas une écriture conforme à celle du français, non-seulement il faudra exercer sa main à cette écriture sur les phrases que l'on transforme grammaticalement, mais, en reproduisant de vive voix les mots de cette langue, il faudra, par la pensée, se reporter au texte comme s'il était sous les yeux.

Le philologue qui comprend que ses études sont insuffisantes quand elles lui procurent seulement la connaissance de deux ou trois langues; celui qui ne croit pas savoir la langue dont il a feuilleté la grammaire; celui qui ne se permet de comparer entre elles que les langues dans lesquelles il sait exprimer sa pensée; ces philologues consciencieux pourront, en trois ou quatre ans, connaître assez bien six ou huit langues, par la méthode du mot grammatical, pour enrichir de leurs observations pertinemment motivées le domaine beaucoup trop restreint de la haute et saine philologie.

N. B. L'auteur lui-même, pour fonder la THÉORIE DU LANGAGE ET LES LOIS DE LA PAROLE, a adapté cette méthode aux quinze langues les plus connues: *allemand, anglais, arabe, chinois, espagnol, français, grec ancien, grec moderne, hébreu, italien, latin, persan, russe, sanscrit* et *turc*; il peut affirmer que, sauf le *chinois écrit*, dont les quatorze mille signes ont nécessité un travail long et entièrement neuf, chacune de ces langues peut être apprise en quelques mois, au moins en ce qui concerne la lecture des écrivains ou la conversation la plus substantielle.

MOT THÉORIQUE GRAMMATICAL.

Le *mot théorique grammatical* est un mot composé de lettres, voyelles et consonnes, qui sont la peinture de l'analyse grammaticale du mot correspondant d'une langue pratique.

On obtient le *mot théorique grammatical* à l'aide de conventions : une lettre, toujours la même et à la même place dans ce mot, exprimera toujours la même explication fournie par l'analyse grammaticale. Les conventions sont choisies de manière à ce que le mot soit facile à prononcer.

EXEMPLE :

Il aimait son frère.

amour frère

Dia g – lei pié —é (mots théoriques grammaticaux.)

Non-seulement l'élève exercé à cette analyse reconnaîtra les parties analytiques qu'il énumère aujourd'hui si péniblement et si longuement sur le papier, mais il les exprimera par la voix, et le maître distinguera, par les sons et les articulations, si son analyse est bonne ou défectueuse.

En effet, si l'on donne au tiret — le son nasal an, on pourra ainsi exprimer oralement cette phrase grammaticale : Dia ganléi pié ané.

La routine, qui joue un si grand rôle dans le débit de l'analyse grammaticale, sera favorisée sans aucun inconvénient: car l'œil et l'oreille saisiront instantanément la moindre faute grammaticale.

Un exercice oral ou écrit de dix minutes équivaudra aux longues heures que l'on passe infructueusement dans des redites stériles quand on fait, par l'ancien système, l'analyse grammaticale de plusieurs phrases.

Puisque *d* figure toujours le *pronom; i*, après le *d*, le pronom *personnel de la* 3e *personne; a* le *sujet de la proposition, masculin* (quand il est féminin il devient *dira*), au *singulier* (au pluriel il serait *diâ*),

Il résulte que le mot grammatical correspondant à *il* sera toujours *dia*.

Puisque *g* figure toujours le *verbe actif; l* le mode *indicatif; é* l'*imparfait; i* la 3e *personne du singulier*,

Le mot grammatical correspondant aux mots : aimait, prenait, donnait, etc., sera toujours *g—léi* (ganléi).

Puisque *p* figure toujours l'*adjectif déterminatif; i*, après *p*, le *possessif de la* 3e *personne; é* le *complément direct auquel son se rapporte* au *masculin* et au *singulier* (pour des raisons analogues à celles données au mot *il*),

Le mot grammatical correspondant à *son* (complément direct) sera toujours *pié*.

Puisque le tiret — figure toujours le *substantif; é* le *complément direct du verbe actif* au *masculin* et au *singulier* (pour des raisons analogues à celles données au mot *il*),

Le mot grammatical correspondant aux mots : frère, empire, cheval, etc. (compléments du verbe actif), sera toujours *—é* (ané).

NOTA. — On verra plus loin l'importance du mot théorique grammatical pour l'étude des langues mortes et vivantes, et on trouvera dans notre ouvrage, *Applications de la Théorie du langage aux lettres*, les services qu'il rendra à toutes les littératures.

CHAPITRE PREMIER.

FORMATION DU MOT THÉORIQUE GRAMMATICAL

Figurant l'analyse grammaticale généralement adoptée dans les écoles françaises.

On conçoit que certains professeurs d'analyse grammaticale profitent des exercices auxquels ils soumettent leurs élèves pour leur demander, les uns les temps des verbes, les autres la formation de ces temps, etc., enfin pour passer la revue des éléments grammaticaux dont le souvenir a pu s'effacer. Il ne s'agit ici que de l'analyse indispensable pour apprécier le sens d'une phrase française, la nature des mots qui la composent et la manière dont ces mots se combinent entre eux.

Les lettres, voyelles et consonnes, qui entreront dans la composition du mot théorique grammatical seront :

	VOYELLES.		CONSONNES (1).	CONSONNES COMPLÉMENTAIRES
	a é i o u.		b g d v j.	l m n r s.
	â ê î ô û.		p c t f h.	
prononcez. .	ain ou.	pron. .	k . . ch.	

§ I.

INITIALES DU MOT GRAMMAITCAL.

La phrase est un théâtre sur lequel certains mots, comme s'ils étaient des personnages, jouent un rôle particulier.

(1) Derrière chaque consonne on supposera un e muet. Le g et le c se prononceront toujours gue et ke. Les consonnes sont donc : be gue de ve je, pe ke te fe che, le me ne re se.

Le français, comme on le sait, distingue *dix* espèces de mots ou personnages.

Nous acceptons et représentons ces dix espèces de mots ; mais nous décomposons en deux l'adjectif, l'adverbe, le verbe, et en trois le participe, ce qui déterminera *quinze* personnages.

On peut, en effet, distinguer deux *adjectifs :* l'adjectif *qualificatif* et l'adjectif *déterminatif.* La qualité des objets et leur détermination dans l'intérêt de la phrase les différencient essentiellement.

On peut aussi distinguer deux *adverbes :* l'adverbe que, eu égard à sa formation, l'on appellera *dérivé : bonnement, heureusement, joliment,* etc..., et l'adverbe *non dérivé : plus, bien, très, déjà, demain,* etc...

On peut encore distinguer deux *verbes :* le verbe *actif* ou celui qui a un complément direct, et le verbe *neutre* ou celui qui n'a pas de complément direct.

On peut enfin distinguer trois *participes :* le *participe présent actif* ou qui a un complément direct, le *participe présent neutre* ou qui n'a pas de complément direct, et le *participe passé* du verbe actif ou du verbe neutre.

Telles sont les quinze espèces de mots dont il faut déterminer les lettres initiales.

Excepté le *substantif,* qui introduit dans le discours, mais sans la modifier, l'idée contenue dans le radical, et l'*article,* qui se lie étroitement au substantif dont il emprunte la finale, tous les autres mots grammaticaux auront une consonne pour initiale.

On désignera donc le *substantif* par un simple tiret — jusqu'à ce que sa finale soit déterminée ; à ce moment, l'article sera aussi déterminé, car son mot grammatical n'est autre que la finale du substantif.

TABLEAU DES CONSONNES INITIALES DU MOT GRAMMATICAL (1).

b.... adjectif qualificatif.
p.... adjectif déterminatif.
g.... verbe actif.
c..... participe présent actif.
l..... verbe neutre.
cl.... participe présent du verbe neutre.
cr.... participe passé.
d..... pronom.
t..... préposition.
v..... conjonction.
f..... interjection.
j..... adverbe non dérivé.
h..... adverbe dérivé.

EXEMPLE RENFERMANT TOUTES CES ESPÈCES DE MOTS :

Hélas! il prit inutilement parti pour ces pauvres abandonnés,
f d g h — t p b cr
et plaida, tout tremblant, mais en cachant ses larmes.
v l j cl v t c p —

Exercice I.

Quand le printemps parut, rien ne put contenir l'impatience
v — l j j g g —
des Croisés; ils se mirent en marche pour se rendre dans les
t — d d g t — t d g t
lieux où ils devaient se rassembler. Le plus grand nombre allait
— j d g d g j b — l

(1) Les accolades indiquent, par le rapport qui existe entre les consonnes (voir le tableau de la page 3), la relation qui existe entre les espèces de mots.

à pied; quelques cavaliers paraissaient au milieu de la multitude;
t — p — l t — t —
plusieurs voyageaient montés sur des chars traînés par des
p l cr t t — cr t t
bœufs ferrés; d'autres côtoyaient la mer, descendaient les fleuves
— b t p g — g —
dans des barques. Ils étaient vêtus diversement, armés de lances,
t t — d g (1) cr h cr t —
d'épées, de javelots, de massues de fer, etc. La foule des Croisés
t — t — t — t — — t —
offrait un mélange bizarre et confus de toutes les conditions et
g p — b v b t p — v
de tous les rangs : des femmes paraissaient en armes au milieu
t p — t — l t — t —
des guerriers; on voyait la vieillesse à côté de l'enfance,
t — d g — t — t —
l'opulence près de la misère; le casque était confondu avec le
— t t — — g cr t
froc, la mître avec l'épée, le seigneur avec les serfs, le maître
— — t — — t — —
avec ses serviteurs.
t p —

Nota. Ce premier exercice a besoin de ceux qui vont suivre pour être prononcé et compris; il ne satisfait donc que les yeux et fait naître quelques difficultés qui seront bientôt résolues. Ceux qui ne connaissent pas l'analyse grammaticale du français devront se livrer quelque temps à de semblables exercices.

§ II.

DE LA PLACE DU RADICAL DANS LE MOT GRAMMATICAL.

Le radical est l'idée signifiée indépendamment de la partie grammaticale. Dans les mots : *certainement*, *aimait*, *angélique*,

(1) On verra, pages 9 et 14, pourquoi le verbe être est formulé par g.

les radicaux sont : *certain*, *amour*, *ange*. Nous n'avons pas à nous occuper du radical dans la formation du mot théorique grammatical, mais il faut savoir conserver sa place.

On l'a vu déjà (page 1) servant d'initial dans le substantif, où il est figuré par le tiret — que l'on prononce an.

Ce tiret remplacera le radical partout où l'idée du mot pratique ne sera pas rendue par la grammaire.

Or, les espèces de mots dans lesquels l'analyse grammaticale ne peut figurer les idées sont : le *substantif*, l'*adjectif qualificatif*, les *verbes actifs* et *neutres*, les *trois participes* et l'*adverbe dérivé*.

Dans ces diverses espèces de mots, le tiret, qui tient la place du radical, se place immédiatement après l'initiale, et, prononcé *an*, il permet à la voix et à l'oreille de distinguer cette première partie du mot grammatical.

EXEMPLES :

Verbe actif. Homme voulait : — g—, prononcez an, gan.
Adjectif qualificatif. Méchant animal : b—, —, pron. ban, an.
Verbe neutre. Dormir, marcher : l—, l—, pron. lan, lan.
Participe présent neutre. Dormant, marchant : cl—, cl—, pr. clan, clan.
Participe présent actif. Prenant, mangeant : c—, c—, pr. can, can.
Participe passé. Rompu, volé : cr—, cr—, pr. cran, cran.

Des six autres espèces de mots, deux, le *pronom* et l'*adjectif déterminatif*, déterminent suffisamment l'idée du mot pratique; les voyelles qui suivront immédiatement les consonnes d et p remplaceront donc le tiret.

Pronom. Dans l'analyse grammaticale on distingue les pronoms *personnels, démonstratifs, indéfinis, possessifs, interrogatifs* et *relatifs*. Ils vont être figurés à l'aide des voyelles a, é, i, o, u, et de leurs correspondantes â, ê, î, ô, û, prononcez : â, ê, ain, ô, ou.

Pronom	1re pers.	a je,	da.	Pronoms	1re pers,	â mien,	dâ.
person-	2e pers.	é tu,	dé.	posses-	2e pers.	ê tien,	dê.
nel.	3e pers.	i il,	di.	sifs.	3e pers.	ī sien,	dī.
Pronom démonstratif		o celui, etc.,	dó.	Pronom interrogatif		ô qui? que? etc,	dô.
Pronom indéfini		u on, etc.,	du.	Pronom relatif		ū qui, que, etc,	dū.

Remarque : Voir le tableau complémentaire pour les mots : *soi, celui-ci, celui-là, quelqu'un, chacun, rien, plusieurs, autrui, personne, quiconque, lequel.*

Adjectif déterminatif. On distingue les adjectifs *possessifs*, *démonstratifs*, *indéfinis*, *interrogatifs* et *numéraux ;* ils seront figurés par les mêmes voyelles après la lettre p.

Adj. dét.	1re pers.	a mon	pa.	Adj. dét.	1re pers.	â notre	pâ.
possessif	2e pers.	é ton	pé.	possessif	2e pers.	ê votre	pê.
singulier.	3e pers.	i son	pi.	pluriel.	3e pers.	ī leur	pī.
Adj. dét. démonst.		o ce, etc.	po.	Adj. dét, interrogat.		ô quel ? etc.	pô.
Adj. dét. indéfini		u quelque, etc.	pu.	Adj. dét. numéral		ū un, deux	pū.

Remarque : Voir le tableau complémentaire pour les mots : *quelque, certain, chaque, tout, tel, plusieurs, même, autre, aucun, nul, quel, quelconque.*

Les quatre autres espèces de mots ne sont pas toujours, dans les écoles françaises, l'objet d'une analyse particulière ; on se contentera, dans ce cas, de l'initiale, à laquelle on ajoutera un point dans l'écriture et la muette e dans la prononciation. Ce sont les *conjonctions,* les *prépositions,* les *adverbes* et les *interjections.*

EXEMPLES :

Mais il se trompait.
v. di di g— Prononcez : ve di di gan.
Un mal de tête.
pū — t — Prononcez : pū an te an.

Il le trouva bien.
di di g— j. Prononcez : di di gan je.
Bah ! qui donc ?
f. dô j. Prononcez : fe dô je.

Le verbe *être*, dit substantif, prendra la même initiale que le verbe actif, g ; mais comme cette caractéristique ne sera pas suivie du tiret, on sera ainsi prévenu de la présence du verbe par excellence.

Exercice II.

Les lettres n'ont pour objet que de communiquer ses pensées
. — j. g— t. — v. t. g— pi —
et ses sentiments à des personnes absentes ; elles sont dictées
v pi — t. t. — b— di g. cr—
par l'amitié, la confiance, la politesse. C'est une conversation
t. . — . — . — d. g. pū —
par écrit ; aussi le ton des lettres ne doit différer de la
t. — v. . — t. — j. g— l— t. .
conversation ordinaire que par un peu plus de choix dans les
— b— v. t. pū j. j. t. — t. .
objets et de correction dans le style. La rapidité de la parole fait
— v. t. — t. . — . — t. . — g—
passer une infinité de négligences, que l'esprit a le temps de
l— pū — t. — dū . — g— . — t.
rejeter quand on écrit, même avec rapidité ; et d'ailleurs l'homme
g— v. du g— j. t. — v. t. j. . —
qui lit n'est pas aussi indulgent que celui qui écoute. Le naturel
dū l — j. g. j. j. b— v. do dū l— . —
et l'aisance forment donc le caractère essentiel du style
v. . — g— j. . — b— t. —
épistolaire ; la recherche d'esprit, d'élégance ou de correction, y
. b— . — . t. — t. — v. t. — j.
est insupportable. Quel est celui qui écrit le mieux ? Celui qui
g. b— . pô g. do dū g— . j. do dū

a le plus de mobilité dans l'imagination, plus de prestesse, de
g— . j. t. — t. . — j. t. — t.
gaieté et d'originalité dans l'esprit, plus de facilité et de goût
— v t. — t. . — j. t. — v t. —
dans la manière de s'exprimer.
t. . — t d g—

1re *Remarque.* On voit dans cet exemple : 1° que nous analysons en détail toutes les parties de ce qu'on est convenu d'appeler une *locution ;* 2° que le verbe réfléchi (s'exprimer) présente un pronom et un verbe actif. Les verbes dits *essentiellement pronominaux,* comme se repentir, se souvenir, etc., sont soumis à la même analyse. Il est facile de justifier cette décomposition pour la composition du mot *théorique grammatical.*

2e *Remarque.* L'élève devra faire bon nombre d'exercices semblables à celui-ci et il ne devra passer à l'exercice suivant que lorsqu'il analysera de cette manière par écrit ou de vive voix, à livre ouvert.

§ III.

FINALES DU MOT GRAMMATICAL.

1° Du Substantif.

Les finales du substantif déterminent le rôle que ce mot important joue dans la phrase; elles sont empruntées aux voyelles a, é, i, o, u ; â, ê, ī, ô, ū (prononcez â, ê, ain, ô, ou).

Pour figurer le *sujet* du verbe sa finale sera	au singulier	a.
	au pluriel	â.
Pour figurer le *complément direct* du verbe sa finale sera	au singulier	é.
	au pluriel	ê.
Pour figurer le *complément d'un mot autre que le verbe* la finale sera	au singulier	i.
	au pluriel	ī.

Pour figurer le *complément indirect* du verbe la finale sera	au singulier	o.
	au pluriel	ô.
Pour figurer le *complément attributif* du verbe (datif latin) la finale sera	au singulier	u.
	au pluriel	ū.

Lorsqu'on adresse la parole en appelant (vocatif) une ou plusieurs personnes, on prend pour finale au singulier l'e muet et au pluriel ē (eu).

Le complément d'un *mot autre que le verbe* se place en général immédiatement après ce mot. Ex. : coin du feu, —a t. —i ; fier de ses ancêtres, b —a t. piī — ī; assez d'argent, j. t. —i.

Le *complément attributif* du verbe (datif en latin) indique ce qui est attribué à quelqu'un ou à quelque chose, lorsqu'une préposition n'explique pas ce rapport. Ex. : il lui dit, dia diu g— ; je leur proposai, da (1) diū g—.

Mais on dirait : il dit à ton père, dia g— t. péo —o; il proposa à plusieurs individus : dia g— t. puô —ô.

L'*article* n'a pas d'autre expression que la finale du substantif.

L'adjectif, *qualificatif ou déterminatif*, et les *participes* prennent toujours la même finale que le substantif auquel ils sont joints dans la phrase.

Ces finales, y compris celle du *participe présent,* sont précédées de la lettre r, comme celle du substantif, quand celui-ci est du genre féminin.

Ex. : La plus noble conquête que l'homme ait jamais faite est
ra j. b—ra —ra dūré a —a g— j. cr—ra g.
celle de ce fier et fougueux animal (2).
pora t. poi b—i v. b—i —i.

Le *pronom* occupant la place du substantif prendra les mêmes finales que celui-ci, suivant le rôle qu'il joue dans la phrase ; il

(1) On devrait dire daa; mais, puisque la finale est la même que la lettre a qui précède, le mot da donnera toutes les explications analytiques.

(2) Ne pas oublier que cette analyse se prononce ainsi : ra je banra anra douré a ana gan je cranra gue pora te poi bani ve bani ani.

sera féminin et prendra r devant la finale, quand le mot remplacé sera lui-même féminin.

Quand il n'occupe la place d'aucun substantif et n'est qu'un artifice grammatical pour favoriser la proposition, alors il prend s devant sa finale. Ex. : Il pleut, disa l— ; il fait froid, disa g— —é ; c'est évident, dosa g. b— sa (1) ; je ne le crois pas, da j. disé g— j.

Exercice III.

Nota. Cet exercice comprend presque tous les mots grammaticaux qui résultent de l'analyse pratiquée en France ; il n'y manque plus que la finale grammaticale du verbe.

Le désert deviendrait inhabitable et il faudrait le quitter, si
a —a l— b—a v. disa g— die g— , v
la nature n'y eût attaché un animal d'un tempérament
ra —ra j. j. g— cr—a pũé —é t. pũi —i
aussi dur et aussi frugal que le sol est ingrat et stérile, si elle
j. b—i v. j. b—i v. a —a g. b—a v. b—a , v. dira
n'y eût placé (2) le chameau. Aucun animal ne présente une
j. j. g— cr—a é —é . pua —a j. g— pũré
analogie si marquée et si exclusive à son climat : on dirait
—ré j. cr—ré v. j. b—ré t. pii —i : dua g—
qu'une intention préméditée s'est plu à régler les qualités
v. pũra —ra cr—ra diré g. cr—a t. g— rê —rê
de l'un sur celles de l'autre. Voulant que le chameau habitât
te i pũi t. dorô t. i pui . C—ra v. a —a g—
un pays où il ne trouverait que peu de nourriture, la nature
pũé —é j. dia j. g— v. j. t. —ri , ra —ra

(1) On voit que le français a quelquefois le genre *neutre*, car on ne peut rapporter ces pronoms à aucun substantif de genre masculin ou féminin ; les mots qui adoptent la même finale prennent aussi le genre neutre.

(2) Le participe passé suit les règles du participe français.

a économisé la matière dans toute sa construction. Elle ne
g— cr—a ré —ré t. pudo piro —ro . Dira j.
lui a donné la plénitude des formes ni du bœuf, ni du
diu g— cr—a ré —ré t.rī —rī j. t.i (1) —i j. t.i
cheval, ni de l'éléphant; mais le bornant au plus étroit
—i , j. t. i —i ; v. dié c—ra t.o j. b—o
nécessaire, elle lui a placé une petite tête sans oreilles
—o , dira diu g— cr—a pūré b—ré —ré t. —rô
au bout d'un long cou sans chair. Elle a ôté à ses
t.o —o t.pūi b—i —i t. —ri. Dira g—cr—a t. pirô
jambes et à ses cuisses tout muscle inutile à les mouvoir;
—rô v. t. pirô —rô pué —é b—é t. dirê g— ;
enfin elle n'a accordé à son corps desséché que les vaisseaux
j. dira j. g— cr—a t. pio —o cr—o v. ê —ê
et les tendons nécessaires pour en lier la charpente. Elle
v. ê —ê b—ê t diī g— ré —ré . Dira
l' a muni d'une forte mâchoire pour broyer les plus durs
dié g—cr—a t.pūro b—ro —ro t. g— ê j. b—ê
aliments; mais de peur qu'il n'en consommât trop, elle a
—ê ; v. t —ro v. dia j. diô g— j. , dira g—
rétréci son estomac, et l' a obligé à ruminer.
cr—a pié —é , v. dié g— cr—a t. 1— .

2° Du Verbe.

Les finales des verbes, pour déterminer le rôle que ce mot joue dans la phrase, doivent figurer (2) les *modes*, les *temps* et les *trois personnes*, le *singulier* et le *pluriel*.

Les modes seront figurés par les lettres complémentaires l, m, n, r, s, conservées dans cet ordre alphabétique :

(1) Dans ces mots composés de la préposition et de l'article, il faut provisoirement faire entendre l'e muet après la préposition et dire teï.

(2) Les *voix* ne sont pas formulées parce qu'elles sont analysées par le français lui-même et que tous les mots qui les composent deviennent des mots grammaticaux : il est aimé, dia gli cr—a.

Mode indicatif	l.
.... conditionnel....	m.
.... impératif	n.
.... subjonctif......	r.
.... infinitif........	s.

Les temps seront figurés par a pour le présent.
é i ê ī pour le passé.
o ô pour le futur.

Les trois personnes seront figurées par a, é, i au singulier, et par o, ū, ô au pluriel.

Le présent sera suffisamment figuré par le mode suivi de la personne sans le concours de la lettre a, ce qui simplifie le mot grammatical sans nuire à son analyse. Ex. : j'aime ma mère, da g—la paré —rē (au lieu de g—laa).

Le futur simple est figuré par o. Ex. : nous rirons, daâ l—loo.

L'imparfait est figuré par é. Ex : il dormait, dia l—léi.

Le passé défini est figuré par i. Ex. : je l'interrogeai, da dié g—lia.

Les temps composés au moyen du participe et d'un auxiliaire remplacent cet auxiliaire par la finale du temps qui résulte de la composition. Ex. : nous avons salué son avènement, daâ lio cr—a pié – é; vous aviez promis cela, déâ lêū cr—a dose; quand il eut fini, v. dia lii cr—a; il aura bientôt mangé, dia lôi j. cr—a.

Le verbe être prend la même figurative que le verbe actif (g) ; mais comme il n'a pas de radical et ainsi pas de tiret, il reçoit immédiatement la finale du verbe. Cette femme est bonne, pora —ra gli b—ra; faut-il qu'elle soit ridicule! g—li disa v. dira gri b—ra.

Exercice IV.

Nota. Cet exercice donne les mots grammaticaux tels qu'ils résultent de l'analyse grammaticale reçue aujourd'hui dans les écoles françaises. On ne saurait trop se livrer à des exercices semblables, car désormais on pourra tirer un grand parti de cette analyse, qui jusqu'ici était restée trop longtemps à l'état de lettre morte.

Sitôt que la paix fut signée, Washington remit au Congrès
j. v. ra —ra glii cr—ra, —a g—lii t.o —o
tous les pouvoirs dont il était investi. Il ne voulut se
puê ê —ê dūô dia gléi cr—a. Dia j. g—lii dié
servir, contre ses compatriotes égarés, que des armes de la
g—s, t. piô —ô cr—ô, v. t.rô —rô t. ri
persuasion. S'il n'eût été qu'un ambitieux vulgaire, il eût
—ri . v. dia j. rêi cra v. pūa —a b—a , dia rêi
pu accabler la faiblesse de toutes les factions divisées; et
cr—a g—s ré —ré t. puī rī —rī cr—rī ; v.
lorsqu'aucune constitution n'opposait de barrière à l'audace,
v. pura —ra j. g—léi t. —ré t. ro —ro ,
il se serait emparé du pouvoir avant que les lois en eussent
dia dié méi cr—a t.o —o j. v. râ —râ dii rêô
réglé l'usage et les limites; mais ces lois furent provoquées
cr—a é —é v. rê —rê ; v. porâ —râ gliô cr—râ
par lui-même avec une constance opiniâtre. C'est quand il
t. dio j. t. pūro —ro b—ro . Dosa gli v. disa
fut impossible à l'ambition de rien usurper qu'il accepta, du
glii b—sa t. ri —ri t. j. g—s v. dia g—lii , t.o
choix de ses concitoyens, l'honneur de les gouverner pendant
—o t. piī —ī , é —é t. diê g—s t.
sept années. Il avait fui l'autorité quand l'exercice en
pūrô —rô . Dia lêi cr—a ré —ré v. a —a diri
pouvait être arbitraire; il n'en voulut porter le fardeau que
g-léi gs. b—a ; dia j. diri g—lii g—s é —é v.
lorsqu'elle fut resserrée dans des bornes légitimes. Un tel
v. dira glii cr—ra t. t.rô —rô b—rô . Pūa pua
caractère est digne des plus beaux jours de l'antiquité; on
—a gli b—a t.ī j. b—ī —ī t. ri —ri ; dua

doute, en rassemblant les traits qui le composent, qu'il ait
l—li , t. c—a ê —ê dūâ dié g—lô , v. dia rêi
paru dans notre siècle; on croit retrouver une vie perdue
cr—a t. pâo —o ; dua g—li g—s pūré —ré cr—ré
de quelques-uns de ces hommes illustres dont Plutarque a si
t. puī t. poī —ī b—ī dūī =a lii j.
bien tracé le tableau. Son administration fut douce et ferme
j. cr—a é —é . Pīra —ra glii b—ra v. b—ra
au dedans, noble et prudente au dehors. Il respecta toujours
t.o —o , b—ra v. b—ra t.o —o . Dia g—lii j.
les usages des autres peuples, comme il avait voulu qu'on
ê —ê t.ī puī —ī , v. dia lêi cr—a v. dua
respectât les droits du peuple américain. Aussi, dans toutes les
g—ri ê —ê t.i —i b—i . J. , t. purô rô
négociations, l'héroïque simplicité du président des États-Unis
—rô , ra b—ra —ra t.i —i t.ī =ī b—ī
traitait sans jactance et sans abaissement avec la majesté des
l—léi t. —ro v. t. —o t. ro —ro t.ī
rois. Ne cherchez point, dans son administration, ces pensées
—ī , J. g—nū j. , t. piro —ro , porê —rê
que le siècle appelle grandes et qu'il n'aurait crues que
dūrê a —a g—li b—rê v. dūrê dia j. méi cr—râ v.
téméraires.
b—rê .

Tableau de l'analyse grammaticale usitée dans toutes les écoles.

INITIALES.

Article et substantif sans initiales.

Adj.	b..	qualificatif.
	p..	déterminatif.
Verb	g..	actif.
	l..	neutre.
Part.	c..	présent actif.
	cl..	id. neutre.
	cr..	passé.
Pron.	d.	
Prép.	t.	
Conj.	v.	
Inter.	f.	
Adv.	j..	non dérivé.
	h......	dérivé.

FINALES.

	Singulier.	pluriel.
Sujet du verbe..	a	â
Complément direct du verbe...........................	é	ê
Id. d'un mot autre que le verbe...........	i	ī
Id. indirect du verbe........................	o	ô
Id. id. attributif (datif)................	u	ū

Au féminin la finale est précédée....... de r: ra, râ, ré, rê, etc.
Au neutre (ni masc., ni fém)........... de s: sa, sâ, sé, sê, etc.

VERBE.

Personnes : a, é, i (1er 2e 3e), pour le singulier, o, ū, ô (1er 2e 3e), pour le pluriel.

Temps
- présent.....
- passé
  - é imparfait.
  - i prétérit.
  - ê plusque-parfait.
  - ē passé-antérieur.
- futur
  - o simple.
  - ô composé ou passé.

modes
- l indicatif.
- m conditionnel.
- n impératif.
- r subjonctif.
- s infinitif.

La finale énonce d'abord le *mode*, puis le *temps*, enfin la *personne :* léi il était, rêo nous fussions, etc., les finales léi, rêo, etc....., remplacent les mots auxiliaires ; le g devant figure le verbe substantif être.....

N. B. Voir les pages 7 et 8 pour l'analyse du pronom et celle de l'adjectif déterminatif.

CHAPITRE II.

FORMATION DU MOT PUREMENT GRAMMATICAL

Complétant l'analyse grammaticale généralement adoptée dans les écoles françaises.

On se contente généralement, dans les écoles françaises, de l'analyse qui, dans le chapitre précédent, vient de donner naissance au *mot grammatical.* On comprend, en effet, que l'analyse d'un objet quelconque peut être plus ou moins sommaire ou plus ou moins complète.

On a pu remarquer que les *adverbes non dérivés,* les *prépositions*, les *conjonctions* et les *interjections* n'ont été soumis à aucune analyse et qu'ils sont figurés seulement comme espèces de mots par les consonnes j, t, v et f.

Cependant ces espèces de mots, ainsi que les *pronoms* et les *adjectifs déterminatifs,* ont une existence grammaticale toute spéciale. Elles forment un matériel de mots qui, dans toutes les langues, a une existence distincte des mots dont le substantif est la source et que nous avons nommés *radicaux,* par opposition aux *mots grammaticaux.*

Ce sont ces mots *purement grammaticaux,* c'est-à-dire ceux dont la signification et la destination sont assignées par la grammaire, ce sont ces mots, disons-nous, qui, bien analysés, nous introduiront aisément et nous guideront dans le dédale des conventions d'une langue morte ou vivante.

La connaissance du *mot purement grammatical* jette un jour précieux sur tous les éléments de la phrase; dans l'étude des langues, elle désigne à la mémoire les mots spéciaux qu'elle doit retenir, et ne la laisse ni hésiter, ni divaguer au milieu de souvenirs incohérents.

§ I.

2e DIVISION ANALYTIQUE OU 2e CARACTÈRE (VOYELLE)

Figurant le *mot purement grammatical.*

Cette seconde fraction analytique ou ce second caractère a été présenté dans l'analyse faite précédemment pour le *pronom* et l'*adjectif déterminatif* (pages 7 et 8. Voir, pour compléter cette analyse, le tableau des *mots purement grammaticaux*) ; il reste donc à déterminer et à figurer cette analyse sur les *prépositions,* les *adverbes non dérivés,* les *conjonctions* et les *interjections.*

Prépositions.

La préposition française *de* est le véritable type des prépositions, car elle exprime toutes les espèces de rapport au moins dans leur généralité. On la voit auprès des infinitifs, comme les prépositions *to* en anglais et *zu* en allemand. On peut déjà, pour ce rapport avec le verbe, lui assigner la première voyelle a. Ex. : il m'ordonna de venir, dia dau g—lii *ta* l—s ; j'ai fini de travailler, da lia cr—a ta l—s.

Le rapport de *propriété,* de *possession,* de *convenance* entre deux mots sera figuré par é. Ex. : le livre de Pierre, a —a *té* =i ; la main de Dieu, ra —ra *té* —i ; l'usage du (1) chant, a —a téi —i ; loin de la ville, j. té ri —ri.

Le rapport de *situation* sera figuré par i. Ex. : du côté de l'est, *tio* —o té i —i ; de droite et de gauche, *ti* —ro v. ti —ro.

Le rapport de *temps* sera figuré par o. Ex. : de temps immémorial, to —o b—o ; de quelle année êtes-vous? *to* pôro —ro glū deā.

(1) L'article contracté avec la préposition est analysé et figuré par l'article i joint à la préposition té, c'est-à-dire par le mot grammatical téi.

Le rapport de *comparaison* sera figuré par â. Ex. : de la hauteur où je suis et de la distance où vous êtes, *tâ* ro —ro j. da gla v. *tâ* ro —ro j. déâ glū.

Le rapport de *lieu* sera figuré par ê. On écrit de Paris, dua g—li *tê* —o; d'où venez-vous? *tê* j. l—lū déâ.

Le rapport de *destination* sera figuré par ī. Ex. : le sujet était : de l'histoire, a —a glèi : *tī* ro —ro; de soldat il s'est fait prêtre, *tī* —o dié lii cr—a —é.

Le rapport de *cause* sera figuré par ô. Ex. : de cela il résulte, tô doso disa l—li; de quoi vous plaignez-vous? *tô* dôso déê g—lū déâ.

Le rapport de *manière* sera figuré par ū. Ex. : de telle sorte que, *tū* puro —ro v.; agir de concert, l—s tū —o.

Adverbes.

L'adverbe d'*affirmation* sera figuré par a. Ex. : oui, vous avez raison, *ja* déâ g—lū —ré ; volontiers, Monsieur, ja, —e.

L'adverbe de *négation* sera figuré par é. Ex. : non, Monsieur, jé, —e ; je ne veux pas, da *jé* g—la jé ; ce n'est rien, dosa *jé* gli jé.

L'adverbe de *situation* sera figuré par i. Ex. : Marchez devant, l—nū *ji* ; placez cela dessous, g – nū dose *ji*.

L'adverbe de *temps* sera figuré par o. Ex. : on verra bientôt, dua g—loi *jo* ; alors comme alors, *jo* v. jo ; déjà le feu pétillait, *jo* a —a l—léi.

L'adverbe de *quantité* sera figuré par u. Ex. : environ deux cents, *ju* pū (1); tant s'en faut, *ju* divsé diso g—li; c'est beaucoup, dosa gli *ju*.

L'adverbe de *comparaison* sera figuré par â. Ex. : il est plus beau, dia gli *jâ* b—a ; il n'est pas si gros, dia jé gli jé *jâ* b—a ;

L'adverbe de *lieu* sera figuré par ê. Ex. : venez ici, l—nȣ *jê* ; il est là, dia gli *jê* ; il cherche partout, dia l—li *jê*.

(1) Les noms de nombre sont indéclinables en français.

Les adverbes de manière peuvent être figurés par les trois voyelles suivantes : ī, ó, ū.

Les manières convenables prendraient la figurative ī. Ex. : il joue bien, dia l—li *jī*.

Les manières regrettables prendraient la figurative ó. Ex. : c'est bien mal, dosa gli jâ *jó*.

Les autres adverbes de manière prendraient la figurative ū. Docile quand même, b—a v. *jū*; il l'a fait exprès, dia dise lii cr—a jū.

Conjonctions.

La conjonction qui n'a d'autre but que d'*unir* les parties de la phrase, sera figurée par a. Ex. : vous et lui, deâ *ra* dia ; je lui ai répondu que non, da diu lia cr—a *ra* jé.

Celle qui marque l'*alternative* sera figurée par é. Ex. : mon père ou ma mère, pa —a *ré* para —ra; faites-le sinon... g—nū disé *ré*; qu'il parte, autrement... va dia l—ri, *ré*....

Celle qui marque la *restriction* sera figurée par i. Ex. : quoique moins grand, *ri* ju b—a; mais, oui; c'est vrai, *ri* ja; dosa gli bibusa.

Celle qui marque le *temps* sera figurée par o. Ex. : il est bien, alors tout le monde l'est, dia gli jī, *ro* pua a —a disa gli; quand il vint, *ro* dia l—lii.

Celle qui marque la *quantité* sera figurée par u. Ex.: une chose ou l'autre, enfin tout, pūra —ra *ré* ra pura, *ru* pusa.

Celle qui marque la *comparaison* sera figurée par â. Ex.: rapide comme l'éclair, b—a *râ* a —a.

Celle qui marque l'*explication* sera figurée par ĉ. Ex. : car on croit, *ré* dua g—li; or, il est avéré... donc..., *ré* disa gli cr—a... *ré*...

Celle qui marque la *supposition* sera figurée par ī. Ex. : si cela est vrai, alors... *rī* dosa gli bibusa, *ré*....

Celle qui marque l'*opposition* sera figurée par ó. Ex. : petit mais robuste, b—a *ró* b—a ; vous le croyez et cependant... deâ disé g—lū va vó....

Celle qui marque la *manière* sera figurée par ū. Ex. : un homme comme il faut, pūa —a *vū* disa l—li.

Tableau des prépositions, des adverbes et des conjonctions.

	PRÉPOSITIONS.			ADVERBES.			CONJONCTIONS.	
t	Rapport avec l'infinitif.	a	j	d'affirmation...	a	v	l'union........	a
	de propriété et convenance..	é		de négation....	é		l'alternative...	é
	de *situation*....	(i)		de *situation* ...	(i)		la restriction..	i
	de *temps*	(o)		de *temps*	(o)		le *temps*	(o)
	de *quantité*....	(u)		de *quantité*....	(u)		la *quantité* ...	(u)
	de *comparaison*	(â)		de *comparaison*	(â)		la *comparaison*	(â)
	de *lieu*	(ê)		de *lieu*........	(ê)		l'explication ..	ê
	de destination ou but....	ī		de manière convenable....	ī		la supposition.	ī
	de cause.......	ô		de manière regrettable...	ô		l'opposition ...	ô
	de *manière*	(ū)		de *manière quelconque*.....	(ū)		la *manière*....	(ū)

Les mots en italiques et les caractères entre parenthèses qui leur correspondent sont faciles à retenir, car ils sont les mêmes dans l'analyse de ces trois espèces de mots.

Interjections.

Les sentiments que les interjections interprètent peuvent être figurés par l'analyse suivante.

f.	Sentiments en général..	a.
	Étonnement..........	é.
	Dégoût..............	i.
	Approbation..........	o.
	Douleur..............	u.
	Admiration...........	â.
	Appel................	ê.
	Encouragement........	ī.
	Ordre et demande......	ô.
	Indignation	ū.

Les sentiments en général, figurés par fa, sont ceux dont le reste du tableau ne fournit pas l'analyse. Ex. : Crac! il lui ferme la porte... fa! dia diu g—li ré —ré... ; preste! il s'échappe... fa! dia dié g—li; pouf! il tombe... fa! dia l—li...

Exercice V.

NOTA. On ne trouvera dans cet exercice qu'un petit nombre d'applications des analyses que nous avons présentées dans cette section; mais comme on devra se livrer à plusieurs exercices pour posséder le *mot purement grammatical*, on rencontrera beaucoup de phrases qui fourniront l'occasion d'appliquer nos principes.

Que dites-vous de moi, Monsieur? vous me faites sentir vos
dôsé g—lū déâ tà dao, —e ? déâ dau g—lū g—s pêrê
bontés de la manière la plus bienfaisante; vous ne semblez me
—rê tū ro —ro ro jâ b—ro ; deâ jé l—lū dau
laisser de sentiments que ceux de la reconnaissance, et il faut
g—s tu —ô ju doê té ri —ri , va disa g—li
avec cela que je vous importune encore. Non, ne me croyez pas
tū doso va da déê g—ra ju . jé , jé daé g—nū jé
assez hardi; mais voici le fait. Un grand garçon bien fait,
ju b—a ; vi jê a —a. Pūa b—a —a jī cr—a,
aimant les vers, ayant de l'esprit, ne sachant que faire, s'avise
c—a ê —ê, c—a tu é —é , jé c—a dôsé g—s, dié g—li
de se faire présenter, je ne sais comment, à Cirey. Il
ta dié g—s g—s , da jé g—la jū , tê —o . Dia
m'entend parler de vous comme de mon ange gardien. « oh!
daé g—li l—s ṭī déô vâ tī pao —o —o . « fé!
oh! dit-il, s'il vous fait du bien, il m'en fera donc;
fé! g—li dia, vī dia deū g—li tué —é, dia dau doso g—loi vê ;
écrivez-lui en ma faveur. — Mais, Monsieur, considérez que
l—nū diu tī paro —ro . — Vô , —e , g—nū va
j'abuserais... eh bien! abusez, dit-il; je voudrais être à
da g—ma ... — fī! jī ! l—nū, g—li dia ; da g—ma gse té

lui s'il va en ambassade : je ne demande rien, je lui
dio vīdia l—li tī —ro : da jê g—la jé , da diu
servirai à tout ce qu'il voudra : je suis diligent, je suis
l—loa tī puso doso dūsé dia g[vouloir]loi : da gla b—a , da gla
bon garçon, je suis de fatigue; enfin donnez-moi une lettre
b—a —a , da gla tū —ro ; vo g—nū dau pūré —ré
pour lui. » Moi qui suis bon homme, je lui donne la lettre.
tī dio. » daa dūa gla b—a —a , da diu g—la ré —rê .
Dès qu'il la tient, il se croit trop heureux : je verrai
to va dia diré g—li, dia dié g—li ju b—é : da g—loa
M. d'Argenson ! et voilà mon grand garçon qui vole à Paris.
—é =é ! va jê paa b—a —a dūa l—li tê —o .

§ II.

ANALYSE COMPLÈTE DU MOT PUREMENT GRAMMATICAL.

On a vu dans le § précédent que chacun des mots purement grammaticaux donnait lieu à dix divisions ou syllabes de deux lettres; la première lettre annonce l'espèce de mot : *pronom*, *adverbe*, etc.... la deuxième, un nouveau degré analytique qui distingue entre eux les mots d'une même espèce.

Or, les prépositions *devant, autour, dans,* etc., analysées par ji (adverbe, j; de situation, i), peuvent être précisées ou définies par une analyse plus complète; et ce que nous disons des *prépositions* s'applique aux *adverbes,* aux *conjonctions* et même aux *pronoms* et aux *adjectifs déterminatifs.*

En ajoutant une des dix consonnes à la syllabe qui commence l'analyse, on pourra déjà distinguer bon nombre de mots purement grammaticaux ; et, s'il est nécessaire, on fera suivre la consonne d'une des dix voyelles, ce qui répondra à toutes les exigences.

Pronoms.

Il suffit de quelques consonnes pour définir ici les variantes : de *celui,* do, on fait *celui-ci,* dob, et *celui-là,* dog. Ce sont les pronoms indéfinis qui ont surtout besoin de ce complément.

EXEMPLE.

On	en	voit	plusieurs;	lequel	est	le	vôtre?...	celui-ci.
dua	doï	g$\frac{\text{voir}}{}$li	dujê ;	dôba	gli	a	dêa ?...	doba .

(Voir le tableau II.)

Adjectif déterminatif.

On le forme comme le pronom et on conserve l'analogie qu'il a souvent avec le pronom par l'adoption de la même consonne : pub, quelque (dub, quelqu'un); pug, chaque (dug, chacun), etc.

EXEMPLE.

Tout	homme,	tel	quel,	ou	quelconque,	en (1)	vaut	un	autre.
puda	—a ,	puva	pufa,	vé	puha ,	za	g—li	pŭê	pucé.

(Voir le tableau des *mots purement grammaticaux.*)

Prépositions.

Certaines prépositions ont, en français, un tel cachet de généralité qu'elles s'appliquent aux circonstances les plus diverses. C'est ainsi que la préposition *de* a été figurée (page 19) par ta, té, ti, etc..., c'est-à-dire par toutes les divisions assignées à cette espèce de mot.

(1) La particule est figurée par z ; or, *en* est à peu près la seule particul qui se rencontre dans la langue française. On voit qu'ici ce petit mot n'est ni préposition ni pronom. (Voir plus loin l'Appendice.)

La préposition *à* partage cette généralité; elle pourra donc être formulée par la lettre *b* ajoutée aux prépositions ta, té, ti, etc... Ex. : à ce moment... (tob poo —o...); aller à Rome (l—s têb =ro), etc.

Les prépositions *pour, en, avec, par,* seront soumises au même régime analytique :

Pour sera formulé par l'adjonction de la lettre *é* à la formule *de* à. Ex. : pour le moment... (tobé o —o); je le fais pour vous (da disé g—la tôbé déô), etc.

En sera formulé par l'adjonction de la lettre *i*. Ex. : en un jour (tobi pũo —o); en riant (tũbi cl—o), etc.

Avec sera formulé par l'adjonction de la lettre *o*. Ex. : aller avec elle (l—s tibo diro) ; avec le temps (tobo o —o), etc.

Par sera formulé par l'adjonction de la lettre *u*. Ex. : passer par Paris (l—s têbu =o); par ce moyen (tũbu poo —o), etc.

Remarque. Chacune des prépositions *de, à, pour, en, avec, par,* pourrait, dans l'analyse française, être formulée par un même mot : ta, tab, tabé, tabi, tabo, tabu; mais, outre que l'analyse serait insuffisante, elle ne permettrait pas d'aborder celle des prépositions si variées qu'on rencontre dans les langues étrangères.

Pour les autres prépositions, on trouvera leur troisième division analytique, ou la troisième lettre formant leur mot grammatical, dans le tableau des *mots purement grammaticaux,* à l'article PRÉPOSITIONS.

EXEMPLE.

Pendant son séjour, il aperçut contre les arbres, vers le
tog pio —o , dia g—lii tito ô —ô , tip o
milieu de la forêt et sur une pierre, un paquet resté dans
—o té ri —ri va tiv pũro —ro , pũé —é cr—é têt
ce lieu depuis longtemps.
poo —o tod jopa .

Adverbes non dérivés.

Les mots grammaticaux qui figurent l'analyse des adverbes non dérivés sont aussi déterminés par la troisième lettre (consonne); ce caractère termine l'analyse par la définition du mot français qui en est l'équivalent. Les variantes de ces mots sont figurées par une des voyelles a, é, i, etc... (Voir le tableau des *mots purement grammaticaux*, à l'article ADVERBES.)

EXEMPLE.

Avez - vous maintenant beaucoup de marchandises? J' en
g—lü déâ jog juj té —rî ? dadirô
ai toujours de très-belles, mais autrefois j'en avais davantage.
g—la jop tu jâj b—rê, vôb jod dadirôg—léa jâva.

Conjonctions.

Les conjonctions françaises sont moins nombreuses que les adverbes non dérivés. La troisième lettre ou la troisième division analytique les détermine presque toutes sans qu'il soit nécessaire d'admettre plusieurs variantes. Ce troisième caractère prend sa définition analytique dans le mot français qui lui correspond. (Voir le tableau des *mots purement grammaticaux*, à l'article CONJONCTIONS.)

EXEMPLE.

Que je suis faible! car enfin.... mais pourquoi m'accuser,
vâd da gla b—a ! vêb vot .... vôb vêf daé g—s
puisque vous m'excusez.
vêg déâ daé g—lü .

N. Voir le tableau des *mots purement grammaticaux*.

Interjections.

Les interjections, exprimant par la parole des sentiments trop vifs pour être contenus, ne supportent pas une analyse qui dépasse la deuxième lettre : car c'est le ton lui-même plutôt que le mot qui a une signification appréciable. En français, les mots : ah ! et oh ! peuvent être appliqués aux dix espèces de sentiments qui ont été analysées par les mots grammaticaux : fa, fé, fi, etc... Il faut donc s'en tenir à cette seconde division analytique et considérer ces syllabes comme déterminant cette espèce de mot purement grammaticale.

(Voir le tableau des *mots purement grammaticaux.*)

APPENDICE.

Il existe une seizième espèce de mots qu'on nomme habituellement *particule.* C'est un petit mot que la pratique d'une langue a conservé sans que son utilité soit parfaitement démontrée. Dans certaines langues, les particules peuvent contribuer à éclaircir la phrase. Pour les analyser, il faut découvrir le but auquel elles tendent. La lettre initiale pourra être un z et la deuxième division analytique sera empruntée à la conjonction. Ainsi : za figurera l'union, zé l'alternative, etc., respectivement comme les conjonctions va, vé, vi, vo, vu, vâ, vê, vī, vô (1), vū.

En français, *ne* et *en* font quelquefois la fonction de particules ; Racine dit : Doutez-vous que l'Euxin *ne* me porte... ; on craint qu'il *n*'essuyât les larmes.... Cette particule peut se rendre par zi ou zī, car il y a au fond de la pensée une idée de restriction ou de supposition. On dit aussi : Il m'*en* coûte de vous affliger. — *En* conter à quelqu'un. — Il s'*en* faut que. — Le premier *en* sous-entend une idée de manière, zū ; le deuxième et le troisième une idée de quantité, zu.

(1) La seule différence consiste à donner à la particule zô une idée d'interrogation.

TABLEAU DES PARTICULES.

za	union.	zâ	comparaison.
zé	alternative.	zê	lieu.
zi	restriction.	zī	supposition.
zo	temps.	zô	interrogation.
zu	quantité.	zū	manière.

Remarque. L'utilité de ce tableau des particules sera mieux comprise quand on se livrera à l'étude de certaines langues.

Exercice VI *(Mots grammaticaux complets).*

Une grenouille vit un bœuf
pūra —ra g—lii pūé —é
Qui lui sembla de belle taille.
dūa diru l -lii tū b—ro —ro
Elle qui n'était pas grosse en tout comme un œuf,
dira dūra jé gléi jéb b—ra tubi pudso vâ pūa —a
Envieuse, s' étend, et s' enfle, et se travaille,
b—ra , divré g—li, va divré g—li, va divré g—li ,
Pour égaler l'animal en grosseur;
tabé g—s é —é tūbi —ro
Disant : « regardez bien, ma sœur,
cr—a : l—nū jī , pare —re ,
Est-ce assez, dites-moi; n'y suis-je point encore?
gli dosa juba, g—nū daru; jé jê gla dara jéba juv ?
—Nenni.— M' y voici donc?—Point du tout.— M' y voilà.
— jéga —dabra jê jégab véj — jéba tési pudsi—dabra jê jévâb.
Vous n' en approchez point. » La chétive pécore
dérâ jé doso l—lū jéba. » ra b—ra —ra .
S' enfla si bien qu'elle creva.
divré g—lii jâjé jī vad dira l—lii.

Le monde est plein de gens qui ne sont pas plus sages.
a —a gli b—a té —ī dūâ jé glô jéb jâv b—â .
Tout bourgeois veut bâtir comme les grands seigneurs.
puda —a g—li l—s vâ â b—â —â .
Tout petit prince a des ambassadeurs,
puda b—a —a g—li tuê —ê ,
Tout marquis veut avoir des pages.
puda —a g—li g—s tuê —ê .

MOTS PUREMENT GRAMMATICAUX.

PRONOMS (D).

da	je	personnels.
dé	tu	
di	il	
div	soi	
do	celui	démonstratifs.
dob	celui-ci	
dog	celui-là	
du	on	indéfinis.
dub	quelqu'un	
dug	chacun	
dud	rien	
duj	plusieurs	
duc	autrui	
dut	personne	
duh	quiconque	
dâ	mien	possessifs.
dê	tien	
dī	sien	
dâb	nôtre	
dêb	vôtre	
dīb	leur	
dô	qui ?	interrogatifs.
dôb	lequel ?	
dū	qui	relatifs.
dūb	lequel	

PRÉPOSITIONS (T).

a	é	i	o	u	â	ê	ī	ô	ū
avec l'infinitif.	de possession.	de situation.	de temps.	de quantité.	de comparaison.	de lieu.	de but.	de cause.	de manière.
ta de.	té de.	ti de.	to de.	tu de.	tâ de.	tê de.	tī de.	tô de.	tū de.
tab à.	téb à.	tib à	tob à.	tub à.	tâb à.	têb à.	tīb à.	tôb à.	tūb à.
tabé pour.	tébé pour.	tibé pour.	tobé pour.	tubé pour.	tâbé pour.	têbé pour.	tībé pour.	tôbe pour.	tūbé pour.
tabi en.	tébi en.	tibi en.	tobi en.	tubi en.	tâbi en.	têbi en.	tībi en.	tôbi en.	tūbi en.
tabo avec.	tébo avec.	tibo avec.	tobo avec.	tabo avec.	tâbo avec.	têbo avec.	tībo avec.	tôho avec.	tūbo avec.
tabu par.	tébu par.	tibu par.	tobu par.	tubu par.	tabu par.	têbu par.	tību par.	tôbu par.	tūbu par.
....	....	....	....	....	....	....	....	....	....
		tig devant.	tog pendant.	tug entre.	tâd selon.	têg chez.	tīd touchant	tôg voici.	tūg moyennt
		tiga avant.	tod depuis.	tuga sur.	tâda suivant	têv jusque.	tīv envers.	tôv voilà.	tūv malgré.
		tid derrière.	toda dès.	tud outre.		têj depuis.			tūp selon.
		tida après.	tov jusque.	tut sans.		têt dans.			tūpa suivant.
		tiv sur.	top durant.	tuta excepté.					
		tiva dessus.	toc vers.	tuté sauf.					
		tij sous.	tot dans.	tuti hormis.					
		tija dessous.	tota entre.						
		tip vers.							
		tipa près							
		tic hors.							
		tica autour.							
		tit dans.							
		tita entre.							
		tité parmi.							
		titi chez.							
		tito travers.							
		tif contre.							

CONJONCTIONS (V).

a	é	i	o	ū	â	ê	ī	ô	ū
union.	alternative.	restriction.	temps.	quantité.	comparaison.	explication.	supposition.	opposition.	manière.
va et.	vé ou.	vi	vo		vâ comme.	vê	vī si.	vô.....	vū.. ..
vad que.	vép sinon.	vib quoique.	vob alors.		vâd que.	vêb car.		vôb mais.	vūv comme.
		viba cependant.	voba cependant			vêg puisque.		vôg pourtant	
			vog d'abord.			vêga parce que		vôd néanmts.	
			vod puis			vêd aussi.		vôv toutefois.	
			voda ensuite.			vêv or.			
			vov quand.			vêj donc.			
			voya lorsque.			vêja ainsi.			

MOTS PUREMENT GRAMMATICAUX.

N.-B. — Voir aux verbes pour le verbe substantif et pour le verbe auxiliaire.

ADJECTIF DÉTERMINATIF (P).

pa	mon	possessif.
pé	ton	
pi	son	
po	ce	démonst.
pu		indéfini.
pub	quelque	
pubo	certain	
pug	chaque	
pud	tout	
puv	tel	
puj	plusieurs	
pup	même	
puc	autre	
pul	aucun	
puta	nul	
puf	quel	
puh	quelconq	
pâ	notre	posses.
pé	votre	
pi	leur	
pò	quel ?	interrog.
pu	un(indéf)	
pua	un	numéral cardinal.
pué	deux	
	etc.	
pea	premier	numéral ordinal.
peé	deuxième	
	etc.	

ADVERBES (J)

NON DÉRIVÉS.

a — affirmation.

ja....	
jag	oui.
jad	amen.
jap	volontiers.
jat	si (affirm.).

é — négation.

jé	ne.
jéb	pas.
jéba	point.
jég	non.
jéga	nenni.
jéd	rien.
jéda	plus.
jét	ni.

i — situation.

ji....	
jib	droit.
jiba	debout.
jig	devant.
jiga	avant.
jid	derrière.
jida	arrière.
jiv	dessus.
jij	dessous.
jip	travers.
jic	dehors.
jica	autour.
jicé	loin.
jici	proche.
jit	dedans.
jif	vis-a-vis.

o — temps.

jo....	
job	tôt.
joba	sitôt.
jobé	aussitôt.
jobi	incontinent
jobo	soudain.
jog	maintenant
joga	aujourd'hui
jogo	déja.
jod	autrefois.
joda	hier.
jodi	auparavant.
jodo	jadis.
jov	bientôt.
jova	demain.
jové	désormais.
jovi	dorénavant.
joj	tard.
joja	enfin.
jop	toujours.
jopa	longtemps.
jopé	souvent.
jopi	jamais.
joh	quelquefois

u — quantité.

ju....	
jub	environ.
juba	assez.
jubé	presque.
jug	tout.
juga	tout à fait.
jud	ensemble.
juda	combien.
juv	encore.
juva	aussi.
juvé	même.
juj	beaucoup.
juja	tant.
jujé	autant.
jujo	trop.
jut	peu.
juta	que (seul^{ent})
juté	demi.
	etc.
juf	de rechef.

â — comparaison.

jâ	
jâg	ainsi.
jâd	autant.
jâda	aussi.
jâdé	dito.
jâv	plus.
jâva	d'avantage.
jâvi	mieux.
jâj	très.
jâja	bien (beauc)
jâjé	si.
jâp	plutôt.
jâpa	surtout.
jât	moins.

ê — lieu.

jê	y.
jêb	où.
jêg	ci.
jêga	ici.
jêgé	céans.
jêgab	voici.
jêd	ailleurs.
jêv	là.
jevab	voilà.
jêj	partout.
jêt	dedans.

ī ô ū — MANIÈRE D'ÊTRE

ī convenable	ô regrettable.	ū quelconque.
jī bien.	jô mal.	jū....
		jūb ainsi.
		jūba quelque.
		jūd dûment.
		jūda rectè.
		jūv peut-être.
		jūp exprès.
		jūf comment?

INTERJECTIONS (F).

a	é	i	o	u	â	ê	ī	ô	ū
vocatif, etc.	d'étonnement.	de dégoût.	d'approbation.	de douleur.	d'admiration.	d'appel.	d'encourag.	d'ordre.	d'indignation.

CHAPITRE III.

LECTURE COURANTE DES TEXTES FRANÇAIS

Sur les phrases grammaticales.

Celui qui aura étudié les principes qui précèdent et aura consacré quelque temps à pratiquer des exercices semblables à l'exercice VI, sera en mesure de formuler immédiatement le mot grammatical correspondant à un mot quelconque de la langue française; il pourra donc, en fort peu de temps, transformer en phrases grammaticales des pages entières d'un ouvrage français.

De même, il pourra lire couramment les phrases grammaticales écrites, puisque tout est prévu pour que cette lecture s'effectue sans peine. A quelque page qu'il ouvre un volume, il débitera sans hésitation les mots grammaticaux dans l'ordre de la phrase. Sans avoir le même ouvrage sous les yeux, l'auditeur reconnaîtra toutes les formes qui lui sont familières, et s'il peut suivre sur la même édition les mêmes passages, il se convaincra de la justesse de l'analyse. Ainsi la première ligne de l'exercice VI se lira couramment de cette manière : poura anra ganlii poué ané.

Ce n'est donc pas la lecture courante des phrases grammaticales qui fait l'objet de ce chapitre, mais c'est la reproduction immédiate du texte français au simple examen de la phrase grammaticale.

1° REPRODUCTION DU TEXTE FRANÇAIS SUR LES MOTS PUREMENT GRAMMATICAUX.

Les mots purement grammaticaux sont formulés par une analyse qui donne la définition du mot français. Il s'ensuit que tout mot purement grammatical correspond à un mot français équivalent et qu'on ne peut confondre avec un mot différent.

Par exemple, jog et joga figurent, l'un le mot français *maintenant*, et l'autre le mot *aujourd'hui;* car si l'adverbe non dérivé (j) relatif au temps (o) présent (g) définit *maintenant*, l'addition du caractère, a, limitera ce temps à la journée présente et déterminera ainsi *aujourd'hui*.

Si donc nous revenons sur une série de mots grammaticaux déterminant une phrase française, en rendant à chaque mot grammatical le mot français dont il est l'analyse nous reproduirons la phrase française d'après son expression analytique.

Qu'on place sous nos yeux cette série de mots grammaticaux :

Dôba té dobi vé té dogi gli a dêba? — dosa jé gli jéb pūa te doĩ dūâ glô jêg,

habitués que nous serons à former les mots grammaticaux par l'analyse française, nous reconnaîtrons, sans avoir même besoin de recourir à cette analyse, les mots français qui correspondent, c'est-à-dire :

Lequel de celui-ci ou de celui-là est le vôtre?
— Ce n'est pas un de ceux qui sont ici.

Dans le sixième exercice nous trouvons ces mots :

Gli dosa juba....... jé jê gla dara jêba juv ?
Jéga — Dabra jê jêgab vêj — jéba tési pudsi — dabra jê jévab.

La restitution successive des mots français reproduit la phrase :

Est-ce assez......... n'y suis-je point encore?
— Nenni. — M'y voici donc? — Point du tout. — M'y voilà.

Ainsi, dans l'intérieur des phrases grammaticales, la connaissance précise du mot purement grammatical nous permettra de rétablir dans leur ordre naturel les mots français dont la peinture analytique est l'expression nettement définie.

Il n'en est plus de même lorsqu'apparaît dans la phrase grammaticale le tiret; celui-ci remplace le mot radical contenant une idée tout-à-fait indépendante de la forme grammaticale.

2° REPRODUCTION DU TEXTE FRANÇAIS SUR LES MOTS GRAMMATICAUX.

Les mots qui ne sont pas purement grammaticaux sont signalés dans la phrase grammaticale par la présence du tiret —. Dans ces mots, la partie formulée par l'analyse grammaticale donne sans doute une indication précieuse sur le rôle du mot français et même sur sa forme; mais elle n'a de précision que lorsque l'idée cachée sous cette enveloppe est connue. Ainsi g—lêi dénonce un verbe actif (g) à la troisième personne du singulier (i) de l'imparfait (ê) de l'indicatif (l); mais tous les verbes actifs aimer, finir, recevoir, rendre, etc., sont aussi bien pris à partie: il faut donc une indication nouvelle (1).

Cette indication sera fournie par le substantif français lui-même. On le placera au-dessus du tiret de cette manière : *La France est à la tête de la civilisation :* ra$\overset{\text{France}}{\text{—}}$ra gli tib ro $\overset{\text{tête}}{\text{—}}$ro té ri $\overset{\text{civilisation}}{\text{—}}$ri.

Puisque, outre le substantif, il y a l'adjectif, le verbe, les participes et l'adverbe dérivé qui, eux aussi, contiennent l'idée radicale figurée par le tiret, il convient de placer sur ce tiret l'idée première fournie par le substantif. Par exemple, on écrira : dia g$\overset{\text{faveur}}{\text{—}}$lêi ê $\overset{\text{gens}}{\text{—}}$ê b$\overset{\text{vertu}}{\text{—}}$ê, et on reproduira le verbe français : il favorisait les gens vertueux : car le verbe (g) issu de faveur et l'adjectif qualificatif (b) dérivé de vertu sont aisés à retrouver.

Il est vrai qu'il y a peu de substantifs qui jouissent de l'avantage d'avoir tous leurs dérivés; presque toutes les langues, mais surtout le français, admettent dans la pratique une ou deux de ces dérivations et négligent les autres.

(1) Dans la *Théorie générale du langage*, cette indication n'est autre que le radical qui, avec une, deux, trois ou quatre lettres, définit l'idée correspondante au mot français.

Ces caprices des langues pratiques conduisent naturellement à remonter au substantif quand il est l'expression de l'idée attribuée au mot dérivé et à placer sur le tiret toute autre espèce de mot ou même le mot correspondant quand on le trouve plus commode.

EXEMPLE.

â [auteur]â â jâv cr[accrédité]â l[parler]lô jug h[autre].

Les auteurs les plus accrédités parlent tout autrement.

Dia g[penser]léi tūbo [raison]ro, vad tūbi c[dire]a (1) ré [vérité]ré b[pur]ré, dua divé g[exposer]léi jât vad tūbo lu b[grossier]ô [mensonge]ô.

Il pensait avec raison qu'en disant la vérité pure on s'exposait moins qu'avec de grossiers mensonges.

La lecture courante du texte français sur les phrases grammaticales est, comme on le voit, le fruit des six exercices précédents.

On énonce en français le mot théorique purement grammatical, et, pour les autres mots, on leur rend l'espèce et le rôle qu'ils jouent en les prononçant en français. En rétablissant de cette manière chacun des mots français précisés par le mot grammatical correspondant, on reproduit, sans la moindre altération, les phrases françaises qui avaient été analysées.

Exercice VII. (a[lézard]a b[gris]a).

Poa b[petit]a [animal]a, jâjé b[commun]a tit o [pays]o jèb daâ l[écrire]lo, va tūbo dūbo juja te [personne]rī liô cr[ien]a tit pīro [enfance]ro, jé lii jèb cr[recevoir]a tô ro [nature]ro pūé [vêtement]é jâda b[éclat]é vad pujâ pucâ [quadrupède]â b[ovipare]a; vôb dira diu lii cr[don]a pūré [parure]ré b[élégant]é : pira b[petit]ra [taille]ra gli b[svelte]ra, pia [mouvement]a b[agile]a, pira [course]ra

(1) Le participe présent, restant invariable en français, conserve ici la finale du sujet sans accord avec la préposition; on peut pourtant en faire un complément indirect (tūbi c—o) comme on le rencontrera dans d'autres langues.

jâjé b[prompt]ra vad dia l[échapper]li tib o [œil]o jâda h[rapide] vad a [oiseau]a dũa l[vol]li. Dia g[aimer]li tab g[recevoir]s ré [chaleur]ré téi [soleil]i; c[avoir]a [besoin]é té pũri [température]ri b[doux]ri, dia g[chercher]li ê [abri]ê; va vova, til pũo b[beau]o [jour]o téi [printemps]i, pũra [lumière]ra b[pur]ra g[éclairer]li h[vif] pũé [gazon]é tibi [pente]ro, vé pũré [muraille]ré dũra g[augmenter]li ré [chaleur]ré tũbi diré c[réfléchir]o, dua dié g[voir]li divé g[étendre]s tiv poo [mur]o, vé tiv ro[herbe]ro b[nouveau]ro tũbo pũro [espèce]ro té [volupté]ri. Dia divé g[pénétrer]li tubo [délice]rô tô poro [chaleur]ro b[bienfait]ro; dia g[marquer]li pié [plaisir]é tũbo tu b[mou]rô [ondulations]rô té piri [queue]ri c[délié]ri; dia g[fait]li l[briller]s piê [œil]ê b[vif]ê va cr[animer]ê; dia divé g[précipiter]li vâ pũé [trait]é tabé g[saisir]s pũré b[petit]ré [proie]ré, vé tabé g[trouver]s pũé [abri]é jâv b[commode]é. Jâja jicé ta divé g[enfuir]s tib ro [approche]ro té i [homme]i, dia g[paraître]li dié g[regard]s tũbo [complaisant]ro; vôb, tũblô b[moindre]o [bruit]o dũa dié g[effroi]li, tũb ro [chute]ro b[seul]ro té pũri [feuille]ri, dia divé g[rouler]li, l[tomber]li, va l[demeurer]li tog pubô [instant]ô vâ cr[étourdir]a tôbu piro [chute]ro; vé jĩ dia divé g[élancer]li, l[disparaître]li, divé g[trouble]li, l[revenir]li, divé g[cacher]li tu b[nouveau]so, l[reparaître]li juv, va g[décrire]li tobi pũo [instant]o pujê [circuits]ê b[tortueux]ê, dũê a [œil]a g[avoir]li tu ré [peine]ré tab g[suivre]s, divé g[repli]li pujrô [fois]rô tiv divo, va divé g[retirer]li vot tit pubo [asile]o tov téb doso vad pira [crainte]ra gri cr[dissiper]ra.

CHAPITRE IV.

MÉTHODE

Pour apprendre en quelques mois une langue morte ou vivante.

Cette méthode fondée sur le *mot grammatical* suppose une pratique suffisante dans les exercices des trois premiers chapitres.

Avec le *mot grammatical*, plus de *thèmes*, plus de *versions;* ces exercices ne conviendraient qu'à ceux qui connaissent la langue qu'ils étudient : c'est alors seulement qu'il est possible d'apprécier les propriétés de cette langue et de les comparer à celle que l'on pratique.

Avec le *mot grammatical*, on consulte la grammaire, mais on n'apprend pas par cœur des *leçons* qui fatiguent souvent la mémoire sans lui confier une nourriture persistante et sans seconder le jugement dans les applications utiles.

Avec le *mot grammatical*, on apprend une langue comme si l'on était au milieu des indigènes qui la parlent le plus purement. On apprend donc à penser dans cette langue.

Aussi, avec le *mot grammatical*, on peut merveilleusement se perfectionner dans les langues que l'on connaît, et acquérir même, avec un peu de persévérance, les qualités du style de tel grand maître en littérature que l'on préférera.

---

§ I.

INTELLIGENCE DE LA PHRASE TRANSFORMÉE DANS SES MOTS GRAMMATICAUX.

Toutes les langues (1) donnent lieu à la formation du *mot grammatical,* puisqu'elles se basent toutes sur des notions grammaticales.

On peut donc faire sur le texte d'une langue quelconque la transformation grammaticale que nous venons de faire sur le français.

De même on peut revenir de la transformation grammaticale au texte de la langue transformée, comme nous sommes revenu au texte français dans le chapitre III.

Or, les formules de l'analyse française peuvent servir à l'analyse des autres langues ; on a désormais entre les mains un instrument puissant pour pénétrer dans les secrets de toutes ces langues.

Il y a sans doute dans les éléments grammaticaux propres à chaque langue des particularités ; mais il ne faut pas confondre les caprices de l'usage avec les parties essentielles qui entretiennent le tissu de la phrase. Il importe peu que tel verbe soit ou non régulier ou irrégulier, qu'il régisse le génitif, le datif, etc... il suffit de démêler, dans l'intérieur des propositions, des sujets, des verbes et des compléments. Tel substantif est des deux genres ; il ne s'agit que du genre adopté dans le passage analysé ; et ainsi des autres difficultés qui se résolvent par la théorie grammaticale, indépendante des bizarreries de l'usage.

(1) Le chinois, il est vrai, se soustrait à cette règle générale, comme nous l'avons longuement expliqué dans notre ouvrage sur les *Lois de la parole ;* mais on peut considérer comme mots purement grammaticaux les *mots vides* qui relient entre eux les mots radicaux.

Ce qu'il faut observer dans l'étude de chaque langue, c'est : 1° l'application générale qu'elle fait des grands principes grammaticaux ; 2° les fantaisies introduites par l'usage.

C'est ce double effort de l'esprit et de la mémoire qui est facilement couronné par le succès à l'aide du *mot grammatical.*

Soient, par exemple, quelques phrases grammaticales tirées du *latin :*

> B[indicible]é, [reine]e, g[ordre]lé g[renouveler]s [douleur]é,
> B[troyen]rê vâb [richesse]rê va b[lamentable]sé [royaume]sé
> G[renverser]réô [Grec]â, dūsêlva dava br[malheur]sê g[voir]lia,
> Va dūsī [part]ra b[grand]ra glia.

Ce début du récit qu'Énée fait à Didon est facile à saisir pour le sens. Si, en effet, on ne voyait que ces mots : *indicible reine ordre renouveler douleur*, il serait permis d'être en défaut et de ne pas comprendre la signification de cette suite de mots ; mais tout d'abord b[indicible]é s'annonce comme un adjectif qui se joint à un complément direct masculin, l'esprit le tient en réserve jusqu'à ce qu'il puisse être placé ; le mot [reine]re au vocatif satisfait au contraire au commencement de la phrase ; g[ordre]lé devient, par le grammatical, *tu ordonnes,* et l'esprit n'a rien à désirer : car le sujet ici est compris dans le verbe ; de même pour les deux mots suivants : g[renouveler]s [douleur]é ; or, le complément direct apparaissant rappelle de suite le mot *indicible* qui le complète, et la phrase est parfaitement lucide en français.

Ainsi les phrases deviennent très-claires même en se présentant sous cette forme :

> Indicible, ô reine, tu ordonnes renouveler douleur,
> Troyennes comme quoi richesses et lamentable royaume
> (Aient) renversé les Grecs, lesquelles choses et moi-même
> Très-malheureuses ai vu,
> Et desquelles part grande fus.

Avec les mots français il y a des hésitations que le mot grammatical fait à l'instant disparaître. Le sens se déroule à la lecture aussi aisément que dans les inversions françaises, telles que :

té pīi champī, tit pīrô mainrô, cportera ê bnouveauê fruitê.

Dans ce vers on est contraint de réserver les premiers mots pour les placer après le dernier; le complément indirect « tit pīrô —rô » doit de même se placer après le participe présent c—a et son complément direct. Il y a donc une inversion prolongée qui ne nous choque nullement dans le vers de Racine : « De leurs champs, dans leurs mains, portant les nouveaux fruits. »

On peut en dire autant pour toutes les langues ramenées à leurs mots grammaticaux :

colèreré gchantné, déessere, fils de Péléei Achillei....

HOMÈRE.

disa gli pũra jouissancera pũé bgrandé hommeé ta gvues.

GOETHE.

Da lia cra pũa sous-maîtrea tib pũo pensionnato dalpupa (1), va gpouvoirra lmourirs tũbu pũo banodino corde à pendreo, vad da ma jàp gse pũa sous-guichetiera têb Newgateo. GOLDSMITH.

Fa dée, dũa tit afflictionro hinjuste tif Dieuo gmurmurelé, hommee!

LOMONOSSOW.

. . . .

En lisant ces phrases, l'étudiant ne sera même pas obligé de faire ce qu'on appelle la construction : car la vue, quand on lit, et les sons, quand on parle, suffisent pour guider l'esprit dans le tissu de la phrase dont toutes les parties sont nettement déterminées. Il reste alors dans la mémoire des idées à peu près figurées par ces mots :

O déesse! chante la colère d'Achille fils de Pélée ...

C'est une jouissance de voir un grand homme.

(1) L'introduction de *l* avant *p* annonce l'union des deux mots da et pupa (myself).

J'ai été moi-même sous-maître dans un pensionnat; que je sois pendu bel et bien si je n'aimerais pas mieux être sous-geôlier à Newgate.

O homme, toi qui dans l'affliction murmure injustement contre Dieu !

Les mots grammaticaux du grec, de l'allemand, de l'anglais et du russe sont conservés dans l'ordre même sous lequel les idées se sont offertes aux écrivains; et pourtant l'idée générale est révélée bien plus sûrement qu'elle ne le serait par la meilleure traduction.

§ II.

EXERCICES SUBSTITUÉS AUX THÈMES ET AUX VERSIONS.

L'exercice qui doit remplacer les thèmes et les versions offre ces particularités :

Qu'il conduit l'étudiant comme au centre de la nation même dont il étudie la langue ;

Qu'il le place au milieu du groupe qu'il a intérêt à fréquenter pour le but qu'il se propose : conversation simple ou conversation avec l'élite de la société, introduction à tel ou tel genre de littérature, acquisition rapide des mots et des formes techniques dans tel art ou dans telle science que ce soit ;

Qu'il dispose à son gré des interlocuteurs : les mande à ses côtés vingt fois par jour suivant que son goût ou son zèle réclame leur présence ; les interroge quand il lui plaît et sur les matériaux plus ou moins raffinés du langage; prend son temps pour les faire parler et les écouter, sans gêne ni contrainte; les repousse quand l'ennui ou la fatigue appellent ailleurs son attention ;

Qu'il peut ainsi, d'après la persistance de ses efforts, avec une mémoire et un degré de travail modéré, à tout âge, limiter à quelques mois la connaissance à laquelle il aspire;

Qu'il peut acquérir une perfection indéfinie dens l'art d'écrire ou de parler cette langue en moins de deux ans;

Qu'il pensera, comme malgré lui, dans cette langue devenue pour lui, en si peu de temps, aussi familière que sa propre langue maternelle;

Et enfin que s'il désire emprunter les formes et le style d'un des premiers écrivains de cette nation, il y parviendra infailliblement, pour les langues mortes et pour les langues vivantes, sans effort et dans le temps qui vient d'être déterminé.

Ces exercices sont de deux sortes : 1° transformation des mots d'une phrase appartenant à une langue quelconque dans leurs mots grammaticaux correspondants; 2° reproduction des phrases appartenant à une langue quelconque sur la vue des mots grammaticaux correspondants.

1° TRANSFORMATION GRAMMATICALE DES MOTS D'UNE LANGUE QUELCONQUE.

Si l'étudiant est assisté par un maître qui l'instruise d'après notre méthode, il abrégera le travail auquel nous allons le soumettre et sera moins exposé aux erreurs. Hâtons-nous d'ajouter que ce travail est toujours profitable et que les erreurs se corrigent d'elles-mêmes à mesure que l'on poursuit les exercices.

Quant à l'étudiant qui vole de ses propres ailes, voici comment il procédera :

Il se munira : 1° d'une bonne grammaire de la langue qu'il veut savoir; 2° du dictionnaire qui donne les mots de cette langue avec le sens français; 3° de l'ouvrage de l'un des écrivains les plus connus dans la littérature de cette langue (1).

A l'aide d'une traduction française, en regard ou séparée, il attaquera résolument la première phrase de l'ouvrage choisi. Il

(1) Si c'est le besoin de converser qui pousse à l'étude de la langue, on choisira parmi les manuels aujourd'hui si multipliés qui fournissent les dialogues avec la traduction française, sauf à recourir plus tard aux autres ouvrages.

ne faut pas s'étonner si la première ligne coûte quelques heures de travail : la clef du trésor est pénible à trouver ; mais quand on la tient, on dispose de toutes les richesses qu'il renferme. Au reste, les cinq ou six premiers mots présentent déjà un nombre considérable des connaissances auxquelles on aspire.

On confronte d'abord les premiers caractères avec le tableau alphabétique et on balbutie les syllabes avec le secours des règles de la prononciation que toutes les grammaires ont soin d'exposer en détail. Les défauts de la prononciation pour les langues vivantes se corrigeront tôt ou tard ; il sera toujours temps d'y porter remède (1).

Lorsqu'on saura prononcer un membre de phrase avec les indications du grammairien, on cherchera dans le dictionnaire la signification du premier mot, puis du suivant et ainsi de suite ; le sens donné par la traduction expliquera bientôt l'espèce de chacun de ces mots et le rôle qu'il joue dans la phrase.

Ainsi, un étudiant veut apprendre le grec ancien, dont il ne sait pas le premier mot, il ouvre l'*Iliade* d'Homère et, après avoir consulté sa grammaire, il prononce à la française mênin, aëidé, téa ; la traduction lui dit : « Déesse, chante la colère... » ; son dictionnaire lui apprend que μηνις veut dire *colère*, αειδω *chanter* et θεα déesse ; il comprend donc qu'il a sous les yeux deux substantifs et un verbe. Grâce au français, il comprend déjà le rôle de chacun des mots dans cette phrase : mais il a besoin de s'en assurer, et pour cela il cherche les substantifs en *is* dans sa grammaire, il reconnaît que μηνιν est féminin et complément direct du verbe chanter. Il place donc un tiret pour figurer le substantif ; à la suite il place une r pour marquer le féminin, et à côté é pour exprimer le complément direct. Le mot grammatical —ré (pron. anré) sur lequel il notera le radical ou la signification, $\overset{\text{colère}}{\text{—}}$ré, sera désormais substitué au mot μηνιν. Conduit par le sens de la phrase et par le dictionnaire, il

(1) Tout individu sachant la prononciation pourrait au besoin servir de guide.

voit dans αειδε un verbe actif, g—, la grammaire lui apprend qu'il est à l'impératif, g—n, et à la deuxième personne du singulier, g—né (pron. ganné); le sens du radical, *chant,* placé sur le tiret déterminera donc le mot grammatical correspondant avec sa signification : g$\overset{\text{chant}}{\text{—}}$né; de même le dictionnaire et la grammaire lui apprendront que θεα est un substantif —, féminin —r au vocatif —re et qu'on peut le remplacer par le mot grammatical $\overset{\text{déesse}}{\text{—}}$re.

Les mots théoriques qui correspondent à μηνιν αειδε, θεα, ... sont donc $\overset{\text{colère}}{\text{—}}$ré g$\overset{\text{chant}}{\text{—}}$né, $\overset{\text{déesse}}{\text{—}}$re,....

Or, ces trois mots théoriques acquis avec quelque peine ont forcé l'étudiant à feuilleter la grammaire grecque; il a jeté un coup d'œil sur les noms et les verbes, et, quelque peu qu'il ait découvert de leur économie générale, il n'y est déjà plus étranger; ainsi que les exercices suivants le lui prouveront, il est désormais initié avec elle, ce qu'après bien des années les écoliers qui l'apprennent par cœur ne pourraient pas toujours affirmer.

Il sait maintenant :

Que μηνις signifie *colère;*

Que ce substantif est féminin;

Que le complément direct peut être au cas dit accusatif;

Que ce cas, dans les noms terminés en ις, devient ιν;

Que le complément direct peut précéder le verbe;

Que l'impératif peut avoir la seconde personne terminée en ε;

Que la première personne de l'indicatif peut se terminer en ω (dictionnaire);

Que l'on peut avoir la deuxième personne de l'impératif en changeant cet ω en ε;

Que les mots αειδω, αειδε, signifient *je chante, chante;*

Qu'il y a des noms en ος, dont le féminin peut être α (dictionnaire);

Que θεα est un substantif féminin (*weib*, femme, en allemand est neutre);

Que le vocatif dans ce substantif est semblable au nominatif;

Que le vocatif peut être après le verbe et son complément direct;

Enfin, que θεα veut dire *déesse*.

Ces notions ne sont pas de celles qu'on déduit péniblement ou qui passent rapidement devant la mémoire; elles s'imposent à l'esprit chaque fois qu'on a les mots théoriques sous les yeux.

Qu'on juge du nombre de connaissances acquises après la transformation d'une seule page!

Toutes les langues peuvent donner lieu à une analyse grammaticale dont le français offre le modèle; mais il y a des différences sur lesquelles il convient d'être édifié.

Comme aperçu général, il est bon de faire remarquer : 1° qu'en se bornant à l'analyse générale fournie par le français, on fait mieux ressortir les différences qu'un Français doit constater entre la langue qu'il parle et celle qu'il étudie, puisqu'il est obligé de tenir compte mentalement de l'insuffisance de l'analyse; 2° que le mot théorique ne doit aucun compte des irrégularités grammaticales introduites par l'usage; il se borne à considérer dans le mot : sa signification, son espèce et le rôle qu'il joue dans la phrase même que l'on transforme.

Passons maintenant en revue quelques particularités.

Substantif.

Quand un mot remplit les fonctions du substantif, qu'il soit adjectif, verbe, etc., il est considéré comme substantif et il doit représenter le rôle de cette espèce de mots. Si toutefois le verbe ou le participe ramenés à cette analyse remplissent par leur complément le rôle qui leur est propre, on les conserve sous leur vraie forme grammaticale.

Les langues qui, comme l'anglais, n'affectent aucun genre aux substantifs sont analysées pour cette espèce de mot comme s'ils étaient tous du genre masculin; cependant on conserve avec l'anglais le masculin ou le féminin quand il personnifie l'idée renfermée dans le mot.

Si le pluriel et le singulier sont de genre différent ou des deux genres, on analyse le substantif tel qu'il se présente dans la phrase, sans prendre ces bizarreries en considération. On fait de même pour les substantifs qui ne sont usités qu'au singulier ou qu'au pluriel.

Quand il y a incertitude sur le complément direct, parce que avec certains verbes quelques langues adoptent le même cas pour le complément direct et pour le complément indirect (doceo pueros grammaticam), on suit dans l'analyse la règle adoptée en français pour ces compléments (g$\underline{\text{enseigner}}$la $\underline{\text{enfant}}$ū $\underline{\text{grammaire}}$ré ou bien g$\underline{\text{instruire}}$la $\underline{\text{enfant}}$ê (tib) $\underline{\text{grammaire}}$ro).

Les cas spéciaux des substantifs comme on en rencontre en russe, en sanscrit, etc., *locatif, instrumental, prépositionnel...* sont invariablement analysés par le complément indirect *o*, ou, s'il y a lieu, par l'attributif *u*.

Le complément d'un mot autre que le verbe est toujours analysé *i*, à moins que le verbe ne soit sous-entendu.

Quand le complément direct est accompagné d'une préposition qui en restreint la signification, malgré l'intermédiaire de cette préposition il ne devient pas indirect : ainsi, en français, *donnez-moi du pain* se transforme par g$\underline{\text{don}}$nū dau tué $\underline{\text{pain}}$é.

Article.

Comme il est nécessairement la finale du substantif, lorsque celui-ci est remplacé par un membre de phrase tout entier, comme il arrive si fréquemment en grec, il n'est plus déterminé; on le met alors au neutre.

Il faut éviter de le confondre avec les pronoms personnels ou relatifs qui empruntent souvent sa forme. (Voir les exemples du grec et de l'allemand.)

Adjectif qualificatif.

Comme l'article, il se met au neutre quand le substantif fait défaut : le plus sûr est.... sa jâv b[sû]sa gli.

Le comparatif prend *l* et le superlatif *r* après la caractéristique *b*. Ex. : *fortior quam prudentior*, bl[bravoure]a vad bl[prudence]a ; *altissima arborum*, br[hauteur]ra [arbre]rī.

Verbe.

Tout verbe qui transmet son action est réputé *actif;* aussi les verbes dits pronominaux ou réfléchis sont considérés comme actifs; quand ils peuvent se passer de leur complément, c'est qu'ils sont neutres : *surrexit*, l[se lever]lii.

Les verbes impersonnels ou unipersonnels pourraient être analysés par l'initiale *s;* mais il est plus simple de les considérer comme actifs ou neutres suivant le sens de la phrase : *pœnitet*, l[repentir]li; *me pœnitet culpæ meæ*, daé g[repentir]li [faute]ro paro (1).

Dans les langues qui admettent le *passif*, l'analyse a lieu par l'initiale *r*. *Amor a Deo*, r[aimer]la tī [Dieu]o.

Modes. — Les modes usités dans l'analyse française suffisent pour toutes les langues. Quant aux modes de caprice : optatif, bénédictif, etc., le conditionnel y sera utilement substitué, puisqu'il marque une condition sans indiquer laquelle.

L'infinitif représentant un substantif peut, dans certaines langues, jouer le rôle de ce mot ; il en prend alors toutes les finales : *tempus legendi*, [temps]sa l[lire]si ; *tempus legendi historiam*, [temps]sa g[lire]si [histoire]ré.

(1) *Pœnitet* est pour *pœnitentia habet*; voilà pourquoi il veut le génitif : *pœnitentia culpæ meæ habet me*. Pour nous *culpæ meæ* est le complément indirect du verbe.

Mais si les temps de l'infinitif sont figurés comme en grec et en latin, auquel cas la finale *s* serait aussi suivie des caractères *é, i, o*... pour le passé, le futur et leurs nuances; alors ces derniers seraient à leur tour suivis de la lettre *s* pour rappeler qu'il s'agit de l'infinitif non déclinable. Ex. : *amavisse*, g[aimer]sis; λυσειν, g[délier]sos. L'analyse indique : *g* verbe actif, du mot *aimer* ou *délier*, à l'infinitif *s*, passé *i*, ou futur *o*, resté indéclinable *s*.

Quant aux supins latins, ce sont de vrais compléments indirects. Ex. : *eo lusum*, l[aller]la l[ieu]so; *mirabile visu*, b[admirable]sa r[vue]si.

Temps. — L'analyse du temps français répond suffisamment à celle des autres langues; toutefois le présent *actuel*, que les langues slaves admettent, peut être formulé par la lettre a : il vient (actuellement), l[venir]lai; je ne crois pas qu'il vienne (en ce moment), da jé g[croire]la jéb vad dia g[venir]rai. Quant à la forme anglaise, on la suit dans son analyse qui n'exige rien de spécial.

Les temps, quels qu'ils soient, se ramènent toujours aux trois temps de la durée : présent, passé et futur; les formes plus ou moins irrégulières usitées dans toutes les langues doivent être ramenées à ce type. C'est ainsi que les aoristes sont des temps passés définis ou indéfinis suivant le sens de la phrase.

Personnes. — Quand elles prennent un genre, comme dans la langue russe et dans les langues sémitiques, on le constate dans l'analyse : (cela) fut, glisi; (elle) ira, l[aller]lori.

Nombres. — Le duel peut être formulé par les finales â, ê, î (pron. â, ê, ain), nous, vous, ils. Quant aux accords irréguliers, on les suit aveuglément : *turba ruunt*, [foule]ra l[se précipiter]lô; τα ζωα τρεχει, sâ [animal]sâ l[courir]li. Ce sont ces bizarreries mêmes qui gravent dans l'esprit ces irrégularités caractéristiques.

Participes.

Aux participes présents ou passés, actifs ou neutres du français, il faut ajouter les *participes futurs* qu'on pourrait rencontrer. Comme ces derniers participent surtout du verbe, on les désignera par la finale de l'infinitif suivie de la formule du futur : c$\underline{\text{aimer}}$soa, devant aimer; cr$\underline{\text{aimer}}$sora, devant être aimée. A l'exemple cité plus haut on peut donc ajouter : *tempus legendæ historiæ,* $\underline{\text{temps}}$sa cr$\underline{\text{lire}}$sori $\underline{\text{histoire}}$ri.

Adverbe dérivé.

Les langues diffèrent beaucoup entre elles pour cette dérivation; les mots dont les adverbes sont dérivés étant anéantis par l'usage, on rapportera ces adverbes aux adverbes non dérivés; d'autre part, ceux qui ne sont pas dérivés en français le sont dans d'autres langues. Quoique l'erreur soit ici de médiocre importance, il est préférable de l'éviter pour rappeler à la mémoire les liens de dérivation qui enchaînent les mots dans une langue.

Les comparatifs et les superlatifs de ces adverbes sont formulés comme ceux des adjectifs : *vehementius*, hl$\underline{\text{violence}}$; *moderatissime*, hr$\underline{\text{modéré}}$.

Remarque. Le sens français placé au-dessus du tiret dans le mot grammatical peut quelquefois suppléer à la partie grammaticale; car, de même qu'avec plusieurs mots français on exprime les significations grecques, allemandes, etc., les plus composées, de même on traduira en français un équivalent grammatical irrégulier ou complexe : le turc *rôma*$\underline{\text{aimer}}$s (1), peut être présenté aussi sous cette forme : l$\underline{\text{ne pouvoir se faire aimer}}$s.

ANALYSE DES MOTS ESSENTIELLEMENT GRAMMATICAUX.

En ne perdant pas de vue que nous *appropriions à l'usage des Français* une méthode qui doit convenir à tous les peuples, nous sommes conduits à ce double résultat sur cette analyse :

(1) Voir l'analyse du turc dans notre *Grammaire* théorique qui donne naissance à la *langue universelle.*

1° Ou s'attacher exclusivement aux mots essentiellement grammaticaux en français ;

2° Ou suivre chaque langue en formulant spécialement toutes les formes grammaticales dont elle fait usage.

1° En n'acceptant que les grammaticaux français, quoique les prépositions et les adverbes forment des tableaux assez complets, on aura quelquefois des analyses incomplètes ; mais la partie analysée donne un sens suffisant et la nuance qui fait défaut, par son absence même, attire l'attention sur un point que l'étudiant doit retenir pour bien apprécier la divergence des deux langues.

Par exemple, l'analyse du mot *iste*, doga (celui-là), est la même que celle de *ille* (celui-là) ; or, chaque fois qu'on analysera *iste* ou *ille*, ou chaque fois qu'on reviendra de l'analyse au texte, on notera la raison qui a fait employer l'un au lieu de l'autre, ce qui est l'exercice le plus profitable pour acquérir la langue étrangère.

Au reste, la décomposition des mots, qui est aussi un exercice si utile, restreindra considérablement le nombre de ces mots grammaticaux français : *interea*, *postea*, *quousque*, *quin*, *etsi*, etc., quand on ne trouvera pas le correspondant français suffisamment analytique, pourront se formuler par togdosô, tidaldosô (1), jêbtêv, vadjéb, valvî, etc., ces composés deviendront adverbes, ou conjonctions, etc., en plaçant en avant l'initiale caractéristique quand elle fera défaut : ainsi valjéb, valvî et jêbtêv ont une initiale convenable ; mais devant les autres on placera v ou j suivant l'espèce du mot : jtogdosô, vtidaldosô.

L'allemand, qui, plus qu'aucune autre langue, possède de ces composés purement grammaticaux, n'offrira pas la moindre difficulté, parce que ses grammairiens ont procédé rationnellement. *Vom*, *zur*, *beym*, *womit*, *hinein*, *hinaus*, etc., sont for-

(1) La rencontre de deux consonnes dans le même mot indique la composition : tog et dosô, jêb et jêv, vad et jéb ; quand la finale du précédent est voyelle, on ajoute l pour servir de disjonction entre tida et doso, va et vî.

mulés exactement par l'analyse : tio, tibro, tubuo ou tubuso, jêbtibo, jêvtit, jêvtic, etc.

2° Les formes grammaticales qui n'ont pas leur équivalent dans l'analyse française seront pour chaque langue assez peu nombreuses. S'il n'a pas été fait (1) d'ouvrage spécial pour chaque idiome ramené à sa théorie grammaticale, l'étudiant remédiera aisément à l'insuffisance de l'analyse française.

En effet, lorsqu'il sera parvenu à la fin de la formule du mot grammatical français, si la lettre finale est une voyelle, il peut placer à la suite une des dix consonnes b, g, d, v, j, p, k, t, f, h ; comme, si cette finale est une consonne, il peut ajouter une des dix voyelles a, é, i, o, u, â, ê, î, ô, û. Une simple convention faite mentalement, et notée à part pour qu'il n'y ait ni oubli ni confusion, lui suffira. Par exemple, après avoir formulé *sed* par le *mais* français, *vôb*, s'il veut le distinguer des mots *at*, *autem*, il exprimera par vôba et vôbé la nuance qui sépare ces derniers du premier; il reconnaîtra par l'étude que *sed*, vôb, est plus général, que *at*, vôba, se met plus volontiers au commencement d'une phrase, et que *autem*, vôbé, veut toujours un mot avant lui. Les mots *et*, *ac*, *atque*, *necnon*, peuvent ainsi, à partir de *et*, français, devenir va, vab, vaba, vabé. Quant à *que*, latin, qui se joint toujours à un mot, on peut conserver va pour sa formule en le joignant au mot, comme en latin, à l'aide de la lettre l : *pater materque*, pèrea mèreralva. Le goût et l'intelligence guideront dans le choix des conventions; mais, quelles qu'elles soient, ces quelques conventions seront au choix de l'étudiant et lui suffiront.

Ce sont ces deux méthodes combinées en vue de la théorie générale du langage qui donnent lieu au mot théorique grammatical commun à tous les peuples.

(1) Notre intention est, lorsque des demandes en assez grand nombre sur une même langue nous seront parvenues, de faire un traité spécial sur cette langue, de manière à ce qu'il y ait coordination entre ses grammaticaux et ceux de tous les autres peuples.

2° REPRODUCTION DE LA LANGUE TRANSFORMÉE SUR LE TEXTE DE LA TRANSFORMATION GRAMMATICALE.

Dans le chapitre III, nous avons montré la reproduction du français sur le texte de la transformation grammaticale du français.

Nous demandons maintenant à l'étudiant de se livrer à un exercice entièrement semblable sur la langue étrangère transformée par lui ou par tout autre.

Ainsi que nous l'avons vu dans le § Ier, l'intelligence de la phrase étrangère se déduit aisément de la transformation ainsi effectuée.

Il connaît donc le sens des idées émises, celui de chaque mot, son espèce et le rôle qu'il joue dans la phrase. Quand il prononce une ou deux lignes de l'ouvrage transformé, sous les sons étranges auxquels il va bientôt s'accoutumer, il aperçoit les idées aussi claires, aussi limpides qu'elles sont sorties du cerveau de l'écrivain et qu'elles arrivent aux oreilles des indigènes eux-mêmes. Il devient lui-même en réalité un de ces indigènes. Ce qu'il énonce de vive voix, il le comprend et le fait comprendre aux autres comme s'il était un des leurs.

Voici donc l'étudiant transporté au milieu de ceux dont il veut étudier la langue. Armé de ses transformations, il engage des conversations (dialogues transformés); il prend pour interlocuteurs les gens de génie, les caractères les plus divers (pièces de théâtre transformées); il passe en revue avec eux les chefs-d'œuvre littéraires des orateurs, des historiens, des poètes, etc. (transformations sur ces matières); si, par goût ou par besoin, il lui faut aborder des sciences toutes spéciales : zoologie, botanique, chimie, médecine, etc. (traités spéciaux transformés), à peine il balbutie quelques mots dans une langue étrangère morte ou vivante, il est déjà initié et il marche à grands pas vers le but auquel il aspire.

Enfin, on comprend qu'il jouisse de tous les avantages que nous avons énumérés page 41.

Il a peu de frais à faire pour obtenir ce résultat.

Qu'il place à gauche, au verso par exemple, le texte de l'ouvrage transformé, copié ou détaché de la brochure; à droite, au recto suivant, la transformation grammaticale (1); que chaque ligne du texte corresponde à la ligne des mots transformés, il sera facile de cette manière de revenir du mot transformé au mot du texte et réciproquement.

Lors donc qu'il voudra se livrer à l'étude si profitable à laquelle nous le convions, il portera ses regards sur la transformation grammaticale et il remplacera de vive voix ou mentalement l'explication théorique de chaque mot par ce mot de la langue pratique qu'il veut s'approprier.

Les premiers efforts sont ceux qui coûtent le plus à la mémoire; mais après avoir pratiqué le même exercice sur les mêmes lignes plusieurs fois, soit avec persistance, soit même superficiellement, l'œil et la voix se familiarisent bientôt avec le nouvel idiome; on s'empare des locutions habituelles des idiotismes, et, en les répétant à leur lieu et place dans le texte, on les possède comme l'écrivain lui-même qui les a fait connaître.

Désormais, grâce à ce double travail de transformation et de reproduction du texte, la connaissance de la langue est à la discrétion de l'étudiant. S'il est pressé de s'en emparer, qu'il multiplie ces exercices pendant la journée, chacune de ces journées apportera une affluence considérable d'acquisitions nouvelles, en même temps qu'elle raffermira successivement celles qui se présentaient trop fugitivement.

Qu'on lise couramment deux Olynthiennes de Démosthènes sur la transformation grammaticale, et on connaîtra la langue

(1) Nous sommes loin de conseiller de placer cette transformation mot pour mot sous le texte : cette forme interlinéaire ne laisse pas à la mémoire le temps de se recueillir et fait passer trop légèrement sur la transformation.

de ce grand orateur, et on lira sur le grec les admirables discours qu'il a légués à la postérité.

Par cette méthode, un homme studieux et entreprenant peut acquérir aisément deux langues dans une seule année.

Toutefois, il y a bien des manières de savoir une langue ; on peut s'en convaincre par les observations qu'on peut faire dans les limites de la langue maternelle. Combien de Français peuvent se flatter de connaître complétement la langue française ? Il y a non-seulement des usages et des règles grammaticales qui échappent aux uns et qui sont connus des autres ; mais les néologismes, les mots dérivés des autres langues, ou même des spécialités dans les arts et dans les sciences, qui aurait la prétention de les connaître tous ?

Or, la connaissance qui importe à chacun est celle qui permet de se mêler aux conversations des gens du monde dont on étudie la langue, de lire les classiques et les écrits journaliers qui ont cours dans l'existence d'une nation ; cette connaissance peut être acquise dans un temps fort court.

Mais là ne se borne pas la puissance de notre méthode.

Quand on peut lire couramment dans la langue originale les ouvrages ainsi transformés, les formes du style, toutes les variétés de la synonymie s'offrent si rapidement à l'esprit qu'on est maître de les employer quand l'occasion se présente. Jusqu'où les progrès pourront-ils donc s'étendre dans une intelligence ordinaire et quel sera leur mode de succession ?

D'abord, l'étudiant détournera fréquemment son regard de la transformation pour trouver sur le texte le mot étranger qui lui échappera. A mesure qu'il avancera, tout en renouvelant son épreuve sur la même page, il acquerra plus d'aisance et sera moins distrait dans sa lecture courante par l'obligation de consulter le texte.

Bientôt et après plusieurs pages qu'il débitera les yeux fixés sur les mots grammaticaux, il sera rarement forcé de recourir aux mots pratiques du texte. Ces quelques pages constitueront un progrès déjà considérable, car la mémoire des sons n'accaparera son attention que pour familiariser l'oreille à la musique née de la suite des phrases; c'est celle des faits grammaticaux, de leur liaison, qui fera surgir le son ou le mot cherché. Chaque erreur fera faire un retour ou sur l'observance d'un principe grammatical, ou sur le meilleur emploi d'un terme synonyme.

A un moment donné, à mesure qu'il poursuivra cet exercice, la partie grammaticale ne sera plus l'occasion d'aucune erreur; ce sera alors la signification française dont il voudra reproduire l'idée en faisant la revue des synonymes de la langue qu'il étudie. Cette revue, d'abord pénible et lente, se renouvellera fréquemment et deviendra bientôt facile et prompte; elle mettra rapidement sous l'œil de l'intelligence tous les éléments qui peuvent exprimer la même idée, en même temps qu'elle habituera à juger la valeur de chacun de ces éléments.

Arrivé à ce degré, l'étudiant saura écrire la langue qu'il s'est appropriée; il a fait des *solécismes* (1) tant qu'il ne possédait qu'imparfaitement la partie grammaticale; il a fait des *barbarismes* tant qu'il n'a pas reproduit assez de pages à la lecture des mots grammaticaux; il a fait des erreurs de *synonymie* tant qu'il n'a pas assez souvent rencontré les mots dans leurs différentes acceptions. Aujourd'hui qu'il débite dans la langue étrangère plus de trente pages en une heure sans recourir au texte; aujourd'hui qu'il est familier avec les idiotismes et les formes du style que l'écrivain pur et plein de goût auquel il s'est attaché lui suggère, que lui manque-t-il pour écrire purement et avec goût? Rien, s'il a le génie qui donne la vie au langage.

Et pourtant on a vu des hommes d'une intelligence fort ordi-

(1) Il surgira d'abord beaucoup de *solécismes* et de *barbarismes* dans les efforts que l'on fera pour rétablir le texte avec le seul secours des mots grammaticaux; il ne faut pas s'en effrayer, puisqu'on procède comme dans la langue maternelle. A Rome ou à Athènes, l'enfant et l'homme du peuple, capables de pareilles fautes, comprenaient pourtant les harangues de Cicéron et de Démosthènes, et souvent, malgré une ébauche d'instruction encore imparfaite, ils devenaient eux-mêmes de bons écrivains.

nairé qui, livrés journellement au contact des discussions sur la philosophie ou sur la politique, sont parvenus à une élocution souple et brillante, grâce aux emprunts de la conversation. Qui peut affirmer que l'esprit lui-même ne puisera pas des forces à la lecture courante de ces transformations! Pourquoi ce travail continu d'analyse et de synthèse sur les pensées d'un grand écrivain dont on poursuit exactement idée par idée toutes les déductions ne réagirait-il pas sur l'esprit qui y voue son attention et ne l'élèverait-il pas au-dessus de la médiocrité?

CHAPITRE V

APPLICATION A L'ÉTUDE D'UNE LANGUE ÉTRANGÈRE

CONSIDÉRATIONS GÉNÉRALES

Lorsqu'on sait assez bien les initiales et les finales des *mots théoriques*, ce qui suppose un peu de pratique dans le septième exercice; lorsqu'on compose les mots purement grammaticaux à l'aide du tableau de la page 30, qu'il ne faut pas chercher à savoir par cœur, mais qu'il faut *avoir sous les yeux* quand on forme l'analyse théorique du français ou de toute autre langue, alors on peut procéder à l'étude d'une langue étrangère.

Les deux pages de mots théoriques qu'on trouve plus loin sur le latin, le grec, l'anglais et l'allemand seront suffisantes pour initier à chacune de ces langues : car soixante lignes représentent soixante fois cinquante, ou trois mille notions; ce qui, en déduisant celles de ces notions qui se répètent plusieurs fois, fournit à la mémoire, d'un manière fixe et durable, plus de deux mille connaissances des conventions qui forment la langue qu'on veut s'approprier :

1° D'abord on se rend compte, ou on se fait rendre compte par l'étudiant, du sens de la première phrase. Cet exercice est analogue à celui du chapitre III; mais comme les langues diffèrent entre elles pour la construction seulement, puisque les mots théoriques, sont les mêmes alors on rétablit le sens, parfaitement distinct, grâce aux sujets et aux compléments que les finales mettent en évidence;

2° Ensuite on lit ou on fait lire tout haut le premier membre de la phrase (cinq ou six mots); ces mots prononcés distinctement et séparément sont répétés de mémoire, les yeux fixés sur les mots théoriques qui leur correspondent;

3° Puis on explique ou on fait expliquer, ou dans leur suite ou en choisissant les mots étrangers au hasard, l'espèce de ces mots, le sens français qu'on y attache, le genre, le nombre et le rôle qu'ils jouent dans la phrase ; s'il s'agit d'un verbe, on ajoute le mode et le temps. Enfin toute l'analyse qui est figurée par le mot théorique.

On recommence ces trois exercices pour les membres de phrase qui suivent, jusqu'à ce qu'on sache suffisamment une, ou deux, ou trois lignes.

Dans les premiers jours d'étude, il ne faut guère reproduire sur le seul vu des mots théoriques qu'*une* ou *deux* lignes du texte étranger ; et chaque jour avant de charger la mémoire d'une ou deux lignes nouvelles, il faut reprendre les lignes précédentes. De sorte qu'au bout d'un mois environ, on pourra reproduire couramment les soixante lignes qui initieront à la langue.

Il importe que l'étudiant copie chaque jour ou écrive sous la dictée la ligne ou les lignes dont il va retenir les sons, ainsi que les mots théoriques en regard sur la ligne qui correspond avec celle du verso (voir les applications au latin, grec, etc.) (1).

Pendant cet exercice on feuilletera ou on fera feuilleter la grammaire étrangère pour remarquer ou bien faire remarquer comment se compose les diverses espèces de mots dans cette langue. Ces remarques doivent rester superficielles, car le travail essentiel est dans la reproduction des mots étrangers sur les mots théoriques; mais il préparera les connaissances qui s'acquièrent successivement.

Il faut se défier des mémoires trop promptes à saisir les sons : on les dépiste en interrompant la suite des mots, et en obligeant l'esprit à se replier fréquemment sur l'exercice indiqué tout à l'heure au n° 3.

Au bout d'un mois environ, arrivé au terme des deux pages d'application que nous donnons à la fin de cette brochure, on commencera à composer ou à faire composer les mots théoriques.

Pour cela, on copiera ou on écrira sous la dictée plusieurs lignes du texte prises dans un ouvrage dont on aura ou dont on fera la traduction. On est désormais assez familier avec la

(1) Les papetiers vendent des cahiers réglés qui répondent à ce besoin.

langue dont on connaît déjà plus de deux mille conventions, pour procéder à cette analyse comme on l'a fait sur les mots de la langue française. Ces lignes de texte et de mots théoriques correspondants, placées à la suite des soixante lignes déjà connues, seront à leur tour l'objet d'un travail analogue à celui indiqué plus haut (1°, 2°, 3°).

Enfin l'étudiant reproduisant de longues phrases et bientôt des pages entières sera désormais très-expert. Au bout de quatre-vingts et cent pages, il sera familier avec les mots, les synonymes et les idiotismes, et pourra aisément écrire dans une langue dont les secrets lui seront révélés. S'il continue indéfiniment ces exercices sur des écrivains d'élite, il parviendra à coup sûr à lire les auteurs et à écrire lui-même avec une aisance et une perfection pour ainsi dire indéfinie.

APPLICATION A L'ÉTUDE DE LA LANGUE LATINE.

On ne donne ici que le supplément indispensable aux mots théoriques du français.

Le latin n'a pas d'*article*: pūa figurera donc comme *unus*, dans le sens d'*un seul*.

Les *substantifs neutres* sont formulés par s comme dans ces mots: tempus $\underline{\text{temps}}$sa ; templum $\underline{\text{temple}}$sa, etc.

L'*adjectif* et l'*adverbe* formulent leur comparatif par l, après b ou p, et leur superlatif par r (voir pages 47 et 49).

Le *verbe passif* est formulé par l'initiale r (voir page 47).

Le *verbe déponent* reste actif, g, ou neutre, l, suivant sa fonction dans la phrase.

Le *mode conditionnel* est confondu en latin avec le mode subjonctif; la formule m disparaîtra donc dans cette langue.

Les *temps* du verbe latin ne sont presque jamais, comme ceux du français, décomposés et formés par des auxiliaires; ce sera donc le mot théorique du verbe qui prendra la finale que représentait l'auxiliaire : qu'ils aient obtenu, *obtinuerint*, g$\underline{\text{obtenir}}$riô ; il s'était hâté, *maturaverat*, l$\underline{\text{hâter}}$lêi.

L'*infinitif* à cela de remarquable qu'il peut comme le substantif figurer dans la proposition comme sujet ou comme complément (direct ou indirect); il prendra donc, après la caractéristique du mode, s, la finale qui formule ce complément: le temps de lire, *tempus legendi*, tempssa gliresi; il passe son temps à lire l'histoire, *consumit tempus legendo historiam*, gconsumerli tempssé gliresu histoireré; je vais jouer, *eo lusum*, gallerla jourssé; les verbes *aller*, *venir*, etc., dans plusieurs langues (sanscrit, grec, latin, etc.,), sont considérés comme actifs. Le supin passif figure toujours un complément indirect: *difficile intellectu*, bdifficilesa rcomprendresu (le verbe *être* est sous-entendu).

Le *passé de l'infinitif* ressemblerait aux gérondifs si on se contentait d'ajouter la formule des compléments à celle du mode; on rappellera ce dernier en terminant par sa caractéristique s, *amavisse* gaimersis.

Le *futur de l'infinitif* est formé du participe futur, et de l'auxiliaire être à l'infinitif présent si le futur est simple, ou au passé de l'infinitif si le futur est composé: devoir aimer, *amaturum esse*, caimersoé gse; avoir dû aimer, *amaturam fuisse*, caimersoré gsis

L'infinitif passif prend un auxiliaire dans ses temps passés et futurs. Le passé emprunte le participe passé: avoir été aimé, *amatum fuisse*, craiméé gsis; le futur emprunte le participe futur: devoir être aimé, *amandum esse* craimersoé gse; ce dernier prend encore le participe passé avec un auxiliaire tout spécial qui équivaut à devoir être, *fore*, gsos: *amatum iri*, craimeré gsos; enfin le futur passé emprunte le passé de l'auxiliaire être: avoir dû être aimé, *amandum fuisse*, craimersoé gsis.

Le participe présent et le participe passé ou passif forment leurs mots théoriques comme le français; quant aux participes futurs actifs, c, ou passifs, cr, ils prennent pour finale celle du mode infinitif, s, qui annonce le temps; puis la caractéristique du futur, o; enfin la finale des adjectifs qui s'accordent avec les substantifs:

Ex.: Qu'il ne repousserait pas la faveur du peuple romain, *eum non populi romani gratiam repudiaturum*, dié jéb peuplei bromaini faveurré crepoussersoé; lieu favorable pour ranger une armée en bataille, *locus ad aciem instruendam opportunus*, [lieu]a tībė [armée en bataille]ri cr[disposer]sori b[favorable]a.

Pour les verbes *pœnitet, pudet*, etc..., voir la page 47.

Quand ces verbes rendent impersonnels ceux qui accompagnent leur infinitif, le sujet *il* reste sous entendu : *debet te pudere tuæ negligentiæ*, g[devoir]li déé g[honte]s péro [négligence]ro.

Toutes les autres bizareries que l'usage a introduites sont réformées par l'inflexibilité de la proposition et du mot théorique : *refert meâ Cæsaris*, l[importer]li dau [César]u ; *interdico tibi domo meâ*, l[faire défense]la déu [maison]ro paro ; *mihi opus est amico*, dau [besoin]sa gli [ami]i ; *doceo pueros grammaticam*, g[instruire]la [enfant]ê [grammaire]ro ; ou, g[enseigner]la [enfant]ū [grammaire]ré.

C'est cette rigidité du mot et de la phrase théorique qui gravent, par le contraste, les idiotismes dans la mémoire.

Supplément aux mots purement grammaticaux.

Tous ces mots prennent rang parmi ceux qui ont été classés théoriquement pour le français ; de sorte que les premières lettres donnent déjà l'explication française. L'avantage qu'il y a à compléter la formule, c'est qu'en reproduisant le texte latin il n'y a plus d'hésitation sur le mot latin qui équivaut au mot théorique.

Supplément pour les adverbes non dérivés (J).

ja	quidem.	jovib	adhùc.	jupé	bis.	jêva	ultrà.
jab	profutò, etc.	jovo	posteà.	jupi	ter.	jêvag	illincindè.
jaba	utique.	jovu	modo.	etc.	etc.	jêvé	illuc.
jégé	ne(de pour que).	jopag	pridem.	jutab	paulisper.	jêvo	quonam.
jiva	sursùm.	judat	quantulùm.	jêba	quò.	jéjé	undique.
jija	de horsum.	judo	simul (répété).	jêbag	undì.	jīf	utinam !
jiceg	procul.	juvi	prætereà.	jêbé	huc.	jūg	vix.
jobu	raptim.	jujat	tantrilùm.	jêbu	quà.	jūdi	palam.
jodé	nuper.	juju	quoties.	jêbô	ubinam ?	jūpu	gratis.
jodob	aliquando.	jupa	semel.	jêgag	hinc.	jūc	secus.
ovab	postridie.						

Supplément aux conjonctions, aux pronoms, aux adjectifs déterminatifs et aux particules (V D P Z).

Vab	ac.	vêba	quippè.	puvit	tantulus.	Dav	egomet.
vaba	atquè.	vêda	quare.	puja	plerique.	dév	tute.
vég	seu (répété).	vêc	ut (pour que).	pujé	tot.	div	ipsemet.
végé	utrùm.	vôba	at.	puji	multus.	dod	iste.
vépa	nisi.	vôbé	vero.	puju	quot.	dugé	uterque.
vové	dùm.	vôbi	contrà.	pucé	alter.	dôgé	uter.
vovi	ubi (dès que).	vūva	procul.	puté	neuter.	dūb	qui (celui qui).
vovo	post quam.			pufi	quantus.		
vovô	quandò ?	Pud	iste.	pufit	quantulus.	Zu	quàm.
vota	denique.	pubé	paucus.	pôb	quis ?	zī	an.
vub	quin (de plus).	pugé	uterque.	pôgé	uter ?	zô	an ?
vut	saltem.	puvi	tantus.			zôb	nùm.

Les prépositions françaises répondent, par leurs mots théoriques, à tous les besoins du mot théorique latin.

Les mots latins *is*, *hic*, *ille*, *iste* sont à la fois pronoms personnels, pronoms ou adjectifs démonstratifs; dans le premier cas ils sont formulés respectivement par : di, dib, dig, did ; dans le second par : do, dob, dog, dod ; dans le troisième par : po, pos, pog, pod : c'est le sens qui détermine la différence (page 50).

La composition en latin des mots purement grammaticaux fournit encore une série que l'étudiant décomposera lui-même à mesure qu'ils se présenteront : jébva, *nec ;* jétva, *neque ;* jéljoh, *numquam ;* jébjuv, *nondum;* jigvad, *priusquam;* jujalvad, *quantum ;* jujélvad, *quotiescunque ;* jêgjêv, *passim;* jêvvad, *quòcumque ;* jêgtêv, *hactenus*, etc., etc. ; vadjé, *quin ;* valvêb, *etenim ;* vâdjè, *quominus;* vibvī, *etiamsi;* vūvvī, *tanquam ;* etc., etc.; puvalvad, *qualiscumque ;* pufialvad, *quantuscumque ;* pūlduga, *unusquisque;* pūlpuga *alteruter*, etc., etc.

Enfin lorsque la première lettre du composé ne figure pas l'espèce du mot composé, on la fait précéder de la vraie figurative : jtuldos, *prœtereà ;* jtêlgig, *exadversùm ;* jdostâbe, *quòad* (page 50) ; etc., etc.

Pour plus amples renseignements relire la page 51.

L'ablatif absolu étant un complément indirect plus ou moins prolongé sera considéré comme tel, en supposant une préposition sous entendue.

APPLICATION A L'ÉTUDE DE LA LANGUE GRECQUE.

On ne donne ici que le supplément indispensable aux mots théoriques du français.

L'article *un* n'existe pas en grec; pūa, pūra, pūsa figurent donc comme : εις, μια, εν.

Les *substantifs neutres* sont formulés par s. Ex. : τὸ ἄριστον, sa [diner]sa ; πολλα εθνη, pujisâ [peuple]sâ.

Les *nombres singulier* et *pluriel* français étant pour les finales des sujets et compléments : a, é, i, o, u ; â, ê, ī, ô, ū ; le duel aura pour formule les sons sourds an, eu, ain, on, un (écrivez ā, ē, ī, ō, ū). Le complément direct ē qui sert déjà de vocatif pluriel, et l'emploi de ī qui remplira ainsi le même office au pluriel et au duel, ne seront la source d'aucun embarras sérieux.

L'*adjectif* et l'*adverbe* formulent leur comparatif ou leur superlatif par l ou r après b ou p ou h et j : σοφώτερος bl[sage]a ; ηδιστον πραγμα, br[agréable]sa [chose]sa ; σοφώτατα, hr[sage]; εγγυτερω, jlici.

Le verbe *passif* est formulé par l'initiale r : λεγεται, r[dire]li ; κλῄιζονται, r[appeler]lô.

Le *verbe* dit *moyen* reste actif, g, ou neutre, l, suivant sa fonction dans la phrase.

Le *mode* dit *optatif* est formulé comme le conditionnel français.

Le grec a un *futur* à l'optatif : λυσοιμι, g[délier]moa.

Il a des *passés* pour l'impératif : λυσον, λελυκε, g[délier]nié.

Les temps passés sont, pour les mots théoriques : l'imparfait, é, le passé, i (défini ou indéfini), et le plusqueparfait, ê. Les aoristes ou premier ou deuxième restent confondus dans le temps passé, i : ἐπαιδεύθη, r[instruire]li ; ἐξελθωσι l[sortir]riô ; etc.

A l'infinitif, les temps passés ou futurs sont figurés respectivement par i et par o précédés et suivis de la caractéristique de ce mode: λυσαι, λελυκέναι, g[délier]sis ; λυθησεσθαι r[délier]sos;

Les temps suivent la forme française quand ils sont formés par un auxiliaire: λελυμένοι ὦμεν, cr[délier]siâ gro.

Les nombres dans les verbes sont formulés par les caractéristiques a, é, i, pour le singulier, o, ū, ô, pour le pluriel; quant au duel il a les correspondantes du singulier: â, ê, ī,

Le participe prend la formule i pour le passé et o pour le futur; dans ce cas on rétablit le mode infinitif par la caractéristique s qui précède le temps. Ex.: au présent λυων c[délier]a; mais au passé, λυσας, λυσασα, λυσαν ou λελυκὼς, λελυκυια, λελυκος, c[délier]sia, c[délier]sira, c[délier]sisa; et au futur, λυσων, λυσουσα, λυσον, c[délier]soa, c[délier]sora, c[délier]sosa; au passif cr[délier]sia, etc., ayant été délié et cr[délier]soa, etc., devant être délié.

L'adjectif verbal en τεος est un participe futur tantôt passif, tantôt actif. Dans l'exemple τιμητέα ἐστιν ἡ ἀρετή, il est passif: cr[honorer]sora gli ra [vertu]ra; dans les exemples τιμητέον ἐστι τὴν ἀρετὴν et τιμητέα ἐςὶ τὴν ἀρετήν, il est actif, c[honorer]sosa gli ré [vertu]ré.

Dans les irrégularités de syntaxe il faut rétablir la forme régulière: ταυτα ἐστὶν ἀγαθα dobsâ glô b[bon]sâ; το στρατοπιδον ανεχώρουν, sa [armée]sa l[se retirer]léi.

Supplément pour les adverbes non dérivés (J).

jaf	νὴ.	jita	ἐντός.	jupi	τρὶς.	jūvé	δήπου.
jéf	μα.	jitab	εἴσω.	etc.	etc.	jébjuv	οὔπω.
jiva	ανω.	jitag	ἐνθενδε.	jêba	πόσε.	jodaltig	προχθες.
jivag	ανωθευ.	jodé	ἄρτι.	jêbag	ποθεν.	jpucrô	αλλη.
jija	κατω.	jodob	πότε.	jêbu	πῆ.	jtiv	ὕπερθε.
jijag	καθωθεν.	jup	ἑξῆς.	jêdag	αλλοθεν.	jtic	παρεξ.
jipé	αμφις.	jupa	ἅπαξ.	jêvag	ἔκειθεν.		
jicu	διχα.	jupé	δις.	jūva	δηθεν.		

Supplément aux conjonctions, aux pronoms, aux adjectifs déterminatifs et aux particules (V D P Z).

vab	και.	pugéb	ἀμφότερός.	dav	ἐμαυτοῦ.	zu	τι.
vové	ἕως.		ἄμφω.	dév	σεαυτοῦ.	zub	οτι.
vovo	ἐπειδὰν.	puvi	τοσος.	div	εαυτοῦ.	zê	ποῦ.
vêgab	διότι.		τοσουτος.	dūb	οστις.	zêb	νυ.
vêgé	ἅτε.	pucé	ετερος.			zī	αν.
vêjé	τοινυν.	puté	μηδέτερος.	za	μὴν.	zô	αρα.
vêc	ὡς.		οὐδέτερος.	zab	γὲ.	zôb	ἤ.
vêca	ἵνα.	pufi	ὅσος.	zag	τοί.	zôg	μων.
vūva	ωσπερ.		ὁποσος.	zé	δε.		
vūvé	οπως.	pôb	πόσος.	zéb	μεν.		
		pôgé	πότερος.	zi	πέρ.		
pugé	εκατερος.		ὁπότερος.	zo	ποτε.		

Les prépositions françaises répondent, par leurs mots théoriques, à tous les besoins du *mot théorique* grec.

Les particules sont nombreuses en grec ; elles sont les liens du discours et ne se confondent pas avec les conjonctions quoiqu'elles empruntent, dans le mot théorique, leur mode de décomposition.

On peut composer le mot théorique par le rapprochement de deux mots en ayant soin que la finale du premier et l'initiale du second présentent la même espèce de lettre, voyelle ou consonne (note au bas de la page 50). Ainsi dans le tableau ci-dessus on trouve jébjuv, οὔπω ; jodaltig, προχθές. L'étudiant composera lui-même ces mots : vīlzī, ἐάν ; vīlva, ειτε ; valzī, κἄν ; valtit, κἀν (και εν) ; etc., etc. Cette composition aura lieu quand le sens résultant sera bien celui du mot grec : ainsi μὲν et τοι ne donnent pas clairement le sens de μέντοι, celui-ci aura viba pour mot théorique et non zébzag.

On devra disposer les composés de manière à ce que l'initiale rappelle l'espèce du mot grec : μηδεὶς, pūljé ; οὐδεις, pūljéb ; ὀυθεις, pūljét ; etc. Ces mots théoriques ainsi que ceux sous cette forme : ὁποιοςοῦν, puvvad ; ὁποσοςοῦν, puvilvad ; figurent le rôle qu'ils jouent dans la phrase par la voyelle qui précède le mot invariable puvalvad, puvialvad, ou puviélvad, ou etc.

Lorsque la première lettre ne figure pas l'espèce du mot, on la fait précéder de la vraie figurative, ainsi dans le tableau on trouve : jtiv, ὕπερθε; jtic, παρέξ; jpucra, ἄλλη; tous ces mots grecs annoncés par l'initiale j, sont dits, employés comme adverbes.

Pour plus amples renseignements relire la page 51.

Le génitif absolu étant un complément indirect plus ou moins prolongé, sera considéré comme tel, en supposant une préposition sous entendue.

APPLICATION A L'ÉTUDE DE LA LANGUE ALLEMANDE.

On ne donne ici que le supplément indispensable aux mots théoriques du français.

Les substantifs neutres sont figurés par s. Ex. : das dorf, sa [village]sa ; die geheimnisse sâ [secret]sâ.

Epithète ou attribut, l'adjectif s'accorde toujours avec le substantif qu'il qualifie ou détermine quand on en forme le *mot théorique*.

L'adjectif et l'adverbe formulent leur comparatif ou leur superlatif par l ou r après b et p ou h et j : höher bl[haut]a ; der nächste, a jrici.

L'adjectif possessif s'accordera toujours *théoriquement* avec l'objet possédé et non avec le possesseur ; en reproduisant le texte sur le mot théorique, on aura égard à cette particularité de l'allemand.

Il importe de distinguer quand les verbes : *sein*, gse ; *haben*, g[avoir]s ; *werden*, l[devenir]s ; sont auxiliaires ou non ; dans le premier cas, ils ne jouissent que de la finale figurant le mode, le temps, la personne et le nombre ; dans l'autre cas ils ajoutent leur signification française. Ainsi *ich werde gewesen sein* se formulera da loa cra gse (1); quand on dira : j'aurai été le premier

(1) L'e muet derrière l'infinitif du verbe être gs sert à prononcer ce mode.

à le publier, et on figurera : ich würde gewesen sein par : da ma cr[devenir]a gse....., quand on dira : je serais devenu un insensé si..... Dans ces exemples comme dans les temps du passif, le verbe être joint à son auxiliaire conserve sa valeur de verbe substantif. On dira aussi : du wirst gelobt haben, déa loé cr[louer]a g[avoir]s ; ou, en rétablissant l'infinitif auxiliaire s le temps présent a et le rappel de l'infinitif s pour distinguer le mot de l'article sa : dea loé cr[louer]a sas.

Quand on place au-dessus du tiret la signification d'un mot composé il est préférable de mettre le sens français plutôt que les mots traduits en suivant l'ordre de l'allemand : Ehrenkranz [couronne nuptiale]a, Kohlenbergwerk [mine de charbon de terre]sa, plutôt que [honneur couronne]a et [charbon moutagne travail]sa.

Quand deux substantifs restent au même cas en allemand, quoique le second soit complément du premier on rétablit le principe général : *Stück Gold-oder-silberstoff* [morceau]sa [étoffe d'or ou d'argent]i ; *er ist zwölf Jahre* alt, dia gli pū[12]sī [an]sī b[âgé]a. Mais on conserve autant que possible la forme allemande quand elle ne contredit pas les principes de la proposition : disa gli diu br[anxieux]sa va b[inquiet]sa , *es ist ihm angst und bang.* Le complément dii altérerait le sens.

On conserve le neutre indéterminé *es*, *dies*, et quelquefois *das* comme sujet quand la phrase le permet ; *dies sind* ou *es sind*, dóbsa glô ou disa glô, quand le sujet qui suit est au pluriel ; comme si l'on disait *sont cela.*

Quand le verbe semble avoir deux compléments directs (deux accusatifs) on opte pour le plus rationnel et l'autre devient indirect : *fragen einen vieles ;* g[demande]s dubu pujisé.

Toutes les irrégularités syntaxiques doivent être rectifiées dans le *mot théorique* ; en reproduisant sur ce dernier le texte allemand on pénètre mieux dans tous les idiotismes de la langue.

Supplément aux mots purement grammaticaux.

ADVERBES NON DÉRIVÉS, CONJONCTIONS, PRONOMS, ADJECTIFS DÉTERMINATIFS ET PRÉPOSITIONS (J V D P T).

jiva	oben.	jūg	kaum.	vêc	damit.	pugé	beide.
jovib	noch.	jūvi	etwa.	vôba	allein.	puja	meist.
jovo	dereinst.			vôbi	sonst.	puji	viel.
jot	sogleich.	voga	bevor.				
jêjô	nirgends.	vê	zwar.	dugé	beide.	tâf	statt.

Les mots purement grammaticaux français sont bien loin de répondre aux richesses dont jouit l'allemand sous ce rapport; cependant le tableau ci-dessus n'offre qu'un supplément assez restreint. Il faut attribuer cela au grand nombre des composés que cette langue offrira à la méthode du mot théorique.

Quelques exemples joints à ceux que l'on trouve page 50 donneront la manière de former théoriquement ces composés.

D'abord les mots *da*, *her*, *him*, sont exprimés respectivement par jê, jêg, jêv, avec cette remarque que jê est le mot *là* dans sa signification générale; que jêg représente *her*, *ici*, avec le parcours pour arriver; que jêv représente hin, *là*, avec le parcours pour s'éloigner. De sorte que jêga figurera *hier* et jêva *dort*. On peut donc aisément trouver les mots théoriques où entrent ces adverbes. Ex.: *herauf*, jêgtiv; *hinauf*, jêvtiv; *herunter*, jêgtij : *hinunter*, jêvtij; *herzu*, jêgtib; *hinzu*, jêvtib; *herum*, jêgtica; *hinum*, jêvtica, etc., etc.

Quand la préposition précède dans le composé on rétablit l'initiale qui convient: *Vorher*, jtigjêg; *umher*, jticaljêg, etc.

L'adverbe *da* signifiant cela en composition, le mot théorique peut l'interpréter par dos: l's finale figure le neutre du pronom démonstratif et permet de rapprocher deux consonnes (note de la page 50): *dafür*, jdostôbe; *dagegen*, jdostif; mais il est plus commode et presque aussi théorique de rétablir le mot allemand: jêltôbe, jêltif.

On peut en dire autant de *wo* qui pourrait être figuré par dôs, mais qui peut aussi l'être par jêb ; *worauf*, jêbtiv; *worein*, jêbtit; *wonach*, jêbtida, etc.....

Pour peu qu'on ne puisse retrouver la trace d'où dérive le mot purement grammatical, il faut lui rendre sa .destination ordinaire surtout quand on éprouve quelque difficulté à le classer dans les tableaux. Ex.: allerdings h[sans doute]; nämlich h[à savoir]; etc.....

APPLICATION A L'ÉTUDE DE LA LANGUE ANGLAISE.

On ne donne ici que le supplément indispensable aux mots théoriques du français.

Tous les *substantifs* quand ils ne sont pas spécialement subordonnés à un genre, sont figurés par le masculin (la distinction des genres quand la forme ne fournit aucune indication devient un caprice des grammairiens) ; dans le cas où la forme détermine le genre, le *mot théorique* s'attache à cette forme : *a he-ass*, pūa dia[âne]a; *a she-ass*, pūra dira[ânesse]ra.

Quoique les désinences des mots anglais soient le plus souvent invariables, les mots théoriques doivent toujours indiquer les rôles que ces mots jouent dans la proposition (suivre l'analyse du français).

Quand le comparatif et le superlatif sont exprimés par un seul mot, adjectif ou adverbe, ils sont figurés par l et r après l'initiale : *bolder*, bl[hardi]a ; *the whitest*, a br[blanc]a ; *better*, jlī; *worst*, jrô.

L'adjectif possessif s'accorde toujours *théoriquement* avec l'objet possédé et non avec le possesseur ; en reproduisant le texte sur le mot théorique on aura égard à cette particularité de l'anglais : *her usband* pia [mari]a; *its tail*, pia [queue]a (*its* est neutre, parce qu'il est question d'un animal).

Dans les *verbes*, les auxiliaires du futur *will* et *shall* sont tous deux rendus par loa, etc., ceux du conditionnel would et should, par ma, etc....., les verbes *can* et *may* qui forment une sorte de mode *potentiel* seront figurés par le verbe ordinaire g[pouvoir]la ; c'est en reproduisant le texte qu'on remarquera si la volonté ou le pouvoir résident oui ou non dans la personne qui parle (voir la grammaire). L'auxiliaire *let* à l'impératif est figuré par *né* avec l'accusatif *let her be* né dire gse. Lorsque le verbe avoir accompagné d'un auxiliaire est de plus considéré comme auxiliaire, alors on rétablit le présent de l'auxiliaire : *I will have been*, da loa sas cra. L'auxiliaire du passé de l'infinitif sera sis (1) : *to have rewarded*, ta sis cr[récompense]a.

Dans les verbes passifs c'est le verbe être, gse, qui reçoit les auxiliaires.

L'auxiliaire *do* convient au présent comme au passé : *I do not see him*, da la (ou laa) jéb g[voir]s dié ; *I did not see him*, da lia jéb g[voir]s dié.

Le subjonctif est presque toujours éludé par la tournure même de la phrase, on peut donc dire qu'il n'existe en anglais que pour le grammairien.

Supplément aux mots purement grammaticaux.

Ces sortes de mots théoriques répondent en général à ceux du français ; on remarquera cependant : gipé, *along* ; gutab, *somewhat* ; têc, *over* (au-delà) ; dugé, pugé, *both* ; dugi, pugi, *either* ; duté, puté, *neither*.

Les adverbes précédés de l'article seront réputés du genre neutre : *the more I read, the more I learn*, sa jâv da l[lire]la, sa jâv da l[apprendre]la.

La préposition qui se joint au verbe et en détermine le sens fait l'office d'adverbe, on la fera donc précéder de la caractéristique de l'adverbe j : *the wind blew the house down*, a [vent]a g[souffler]lii é[maison]é jtij.

Les adverbes here, there, where, composés avec certaines

(1) S, indique le mode infinitif, a, i, le présent et le passé, et s finale affirme l'infinitif auxiliaire pour éviter qu'il y ait avec les articles neutres sa ou si.

prépositions remplacent pour le sens les mots : ceci, cela, où ? on conservera leurs mots théoriques dans la composition : jêg, jêv, jêb ; la rencontre des consonnes indique la composition des mots (voir la note au bas de la page 50) : *hereof*, jêgti ; *whereby*, jêbtôbu ; *thereupon*, jêvtiv, etc....

Le complément d'un mot autre que le verbe figuré en anglais par 's après un mot, est exprimé par i à la fin du mot théorique; il en est ainsi après *one*, on : *what delight to see one's country again*, pôa bonheura ta gvoirs dui paysé juf !

Les pronoms *myself*, *thyself*, *himself*, *herself*, etc., forment ainsi leur mot théorique : dalpupa, délpupa, dilpupa, dilpupra, etc., et *one's self* reste décomposé : dui pupa.

Quand *howsoever*, *whatsoever*, se décomposent : la première partie répond au français quelque, jūba, et la seconde répond à la conjonction que, vad : *how rich soever he may be*, jūba brichea vad dia gpouvoirli gse.

L'anglais étant la langue la plus simple, au point de vue grammatical, peut être apprise en très-peu de temps ; mais il faut attacher une grande importance à l'accent ; il sera bon, à cet effet, d'avoir un dictionnaire qui en marque la place et qui explique aussi la prononciation si on étudie sans maître. Dans les lignes d'application, nous avons figuré l'accent par une apostrophe à la suite de la syllabe sur laquelle la voix doit s'élever. Nous eussions donné la prononciation figurée au-dessous des lignes anglaises, comme nous le faisons pour les langues sémitiques, si nous n'eussions craint de raccourcir le modèle que nous présentons. Il est évident que cette obligation s'impose surtout à ceux qui forment les mots théoriques pour connaître la conversation.

LATIN.

—

Selectæ e profanis scriptoribus historiæ. Liber II.

I. Munus proprium prudentiæ est indagatio atque inventio veri. Qui enim maximè perspicit quid in re quàque verissimum sit, is prudentissimus haberi solet.

Tributum est a naturâ generi omni animantium ut se, vitam corpusque tueatur, declinet ea quæ videantur nocitura, et inquirat ac paret omnia quæ sint ad vivendum necessaria. At inquisitio atque investigatio veri propria est hominis, qui unus est rationis particeps . et naturâ inest mentibus nostris insatiabilis quædam cupiditas veri videndi. Itaque cum sumus necessariis negotiis et curis vacui, tum avemus aliquid videre, audire, addiscere; et putamus cognitionem rerum aut occultarum aut admirabilium esse ad beatè vivendum necessariam. In scientiâ excellere pulchrum ducimus; errare autem, nescire, decipi, malum et turpe.

II. In ipsis rebus quæ discuntur et cognoscuntur insunt profecto invitamenta quædam quibus moveamur ad discendum cognoscendumque. Etenim annon videmus eos qui ingenuis studiis atque artibus delectantur, aliquandò non habere rationem valetudinis, nec rei familiaris, et maximis laboribus consequi eam quam ex discendo capiunt, voluptatem? Quem ardorem studii censetis fuisse in Archimede, qui, dum in pulvere describeret quædam attentiùs, ne senserit quidem Syracusas, patriam suam, esse captas? Quid de Pythagorâ et Platone loquar qui judicaverunt veniendum sibi esse eò ubi aliquid esset quod disci posset, tantas regiones barbarorum obierunt tot maria transmiserunt? Quid de Democrito, qui dicitur oculis se privasse, ut animus quàm

LATIN.

—

Cr[choisir]râ tu b[profane]ô [écrivain]ô [histoire]râ. Livre II.

I. [Tâche]sa b[propre]sa [sagesse]ri gli [recherche]ra vaba [découverte]ra [vrai]si. Dūa vêb jrī g[discerner]li dôbsé tit [chose]ro pugro br[vrai]sé gri, doa br[sage]a r[considérer comme]s l[avoir coutume]li.

Cr[accorder]sa gli tôbu [nature]ro [espèce]su pudsu [animal]sī, vad divsé, [vie]ré [corps]sélva g[protéger]ri, g[éviter]ri dosê dūsâ l[sembler]rô cl[nuire]sosâ, va g[chercher]ri vab g[acquérir]ri pudsê dūsâ grô tīb cr[vivre]soso b[nécessaire]sâ. Vôba [examen]ra vaba [recherche]ra [vrai]si b[propre]ra gli [homme]i, dūa pūa gli [raison]ri b[avoir le partage]a : va [nature]ro l[être dans]li [esprit]rô pârô b[insatiable]ra pubra [désir]ra [vrai]si cr[voir]sosi. Vêd vov glo b[nécessaire]sī [affaire]sī va [souci]rī b[exempt]â, vob g[souhaiter]lo pubsé g[voir]s, g[entendre]s, g[apprendre]s; va g[penser]lo [connaissance]ré [chose]rī vé cr[caché]rī vé b[admirable]rī gse tīb h[heureux] cr[vivre]sosé b[nécessaire]ré. Tūbi [science]ro l[exceller]s b[beau]sé g[croire]lo; l[erreur]s vôb, l[ignorer]s, r[tromper]s, b[mauvais]sé va b[honteux]sé.

II. Tit puprô [chose]rô dūrâ r[apprendre]lô va r[comprendre]lô l[être]lô jab [excitant]sâ pubasâ dūsô r[provoquer]ro tīb cr[apprendre]soso cr[comprendre]soso. Valvêb zôljéb g[voir]lo doê dūâ l[libéral]sô [étude]sô vaba [art]rô r[charmer]lô, joh jéb g[avoir]s [compte]ré [santé]ri, jét [bien]ri b[famille]ri, va br[grand]ô [fatigue]ô g[poursuivre]s poré dūré tô cr[apprendre]soso g[prendre]lô, [plaisir]ré? Pôé [ardeur]é [étude]si g[croire]lū gsis tib [Archimède]o, dūa; vové tiv [poussière]o g[décrire]réi pubsê h[attention], jé g[s'apercevoir]rii ja [Syracuse]rê, [patrie]ré piré sis cr[prendre]rê? Dôbsé tī [Pythagore]o va [Platon]o g[dire]loa, dūâ g[juger]liô cr[venir]sosé divô gse jô jêb pubsa gréi dūsa r[apprendre]s g[pouvoir]réi, puvirê [pays]rê [barbare]ī g[visiter]liô pujésô [mer]sô g[traverser]liô? Dôbsé tī [Démocrite]o, dūa r[dire]li [œil]ô divé g[priver]sis, vêc [esprit]a zu minimè abduceretur a cogitationibus, qui patrimonium neglexit, agros incultos deseruit?

Carneades, laboriosus et diuturnus sapientiæ miles, nonaginta expletis annis, habuit eumdem finem vivendi ac philosophandi. Ita quidem se inquirendæ veritati addixerat, ut, cùm recubuisset cibi capiendi causâ, manum ad mensam porrigere oblivisceretur, alio abstractus cogitationibus.

Est animorum ingeniorumque nostrorum naturale quoddam quasi pabulum consideratio contemplatioque naturæ: et indagatio ipsa rerum magnarum occultarumque habet oblectationem.

III. In Demosthene, Græcorum oratorum principe, tantum discendi studium tantusque labor fuisse dicitur, ut tandem superaret impedimenta naturæ diligentiâ atque industriâ. Cùm ita balbus esset ut rhetoricæ artis, cui studebat, primam litteram non posset dicere, perfecit exercitatione, ut nemo putaretur locutus planiùs eo. Deindè perduxit ad gratum auribus sonum vocem suam, quæ propter exilitatem acerba erat. Laterum firmitate destitutus, mutuatus est a labore eas vires quas corporis habitus negaverat. Conjectis in os calculis summâ voce versus multos pronuntiabat inambulans, et ardua loca celeri gradu scandens.

Declamitans in maris littore, in quod se fluctus illidebat, consuescebat concitatæ multitudinis fremitus non expavescere. Cellam quoque ædificasse subterraneam dicitur, in quâ, duos tresve menses continuos aliquandò inclusus, operam dabat gestui et voci, et quidem mediâ parte capitis abrasâ, ut in publicum sine verecundiâ prodire non posset. Sic diù præliatus adversùs naturam, victor abiit, et malignitatem ejus pertinacissimo animi robore superavit.

Nihil est quod non expugnet pertinax opera, et intenta ac diligens cura.

. . . . . . labor omnia vincit improbus.

hrpeu rdétournerréi tū penséerô, dūa patrimoinesé gnégligerlii, champé bincultoé gabandonnerlii.

Carneadea, blaborieuxa va bpersévéranta sagesseri soldata, pū90ô cracheverô annéeô, gavoirlii pupé termeé lvivresi va lphilosophersi. Jūb ja divé crrecherchesoru véritéru gattacher àlêi, vad, vov ls'étendrerêi repaso crprendresoo tôbé, mainré tib tablero gallongers goublierréi, jêd crdistraita penséerô.

Gli espritī intelligencesīlva pâsī bnaturelsa pubsa vâ pâturesa observationra contemplationralva natureri : va rechercherа pupra faitrī bgrandrī bcachérīlva gavoirli charmeré.

III. Tibi Démosthèneo, bGrecī orateurī princeo, puvisa lapprendresi amoursa puvialva travaila gsis rdireli, vad vot gsurmonterréi obstaclesê natureri applicationro vaba habiletéro. Vêg jūb bèguea gréi vad rhétoriqueri artri, dūru ls'appliquerléi, bpremierré lettreré jêb gpouvoirréi gdires, gobtenirlii exerciceró, vad dūta rcroireréi clparlersia hlnet dii. Vod gamenerlii tūb bagréableo oreillerū sono voixré, dūra tôbé sécheresséro bdésagréablera gléi. Poumonsī vigueurro crprivéa, cremprunter a lii tū travailo porê forceré dūrê corpssi complexiona grefuserlêi. Crjeterô tit boucheso petit caillouô, bfortro voixro versê pujiê gprononcerlêi clse promenera, va bélevésê lieusê bviteo paso cmonter sura.

Cldéclamera tiv mersī rivageso, tiv dūso divé flota gbriserlêi, ls'habituerlêi crsouleverī multituderī murmureê jêb gredouters. Caveauré juva gbâtirsis bsouterrainré rdireli, tit dūro, pūêô pūiôlvé moisô bcontinuô joh crenfermera, applicationré gmettrelêi gesteu va voixru, va ja bmoitiéro partiero têtesi crraséro, vêc tib publicso tut honteró ls'avancers jêb gpouvoirrêi. Jūb jopa clcombattresia tif naturero, vainqueura lsortirlii, va peu de faveurré diri bropiniâtreso espriti forceso gvaincrelii,

Jêd gli dūsé jêb gforcerri bobstinéra peinera, va battentifra vab bactifra soinra.

« . . . . . travaila pudsê gvaincreli bopiniâtrea. »

GREC.

—

ΜΥΘΟΙ ΑΙΣΩΠΟΥ

I. ΑΛΩΠΗΞ. Ἀλώπηξ εἰς οἰκίαν ἐλθοῦσα ὑποκριτοῦ, καὶ ἕκαστα τῶν αὐτοῦ σκευῶν διερευνωμένη, εὗρε καὶ κεφαλὴν μορμολυκείου εὐφυῶς κατεσκευασμένην, ἣν καὶ ἀναλαβοῦσα ταῖς χερσὶν, ἔφη· « Ω οἵα κεφαλὴ, καὶ ἐγκέφαλον οὐκ ἔχει. » (Επιμύθιον)· Ο μῦθος πρὸς ἄνδρας μεγαλοπρεπεῖς μὲν τῷ σώματι, κατὰ δὲ ψυχὴν ἀλογίστους.

II, ΓΕΡΩΝ ΚΑΙ ΘΑΝΑΤΟΣ. Γέρων πότε ξύλα κόψας, ταῦτα φέρων, πολλὴν ὁδὸν ἐβάδιζε, καὶ διὰ τὸν πολὺν κόπον ἀποθέμενος ἐν τόπῳ τινὶ τὸν φόρτον, τὸν Θάνατον ἐπεκαλεῖτο. Τοῦ δὲ Θανάτου παρόντος, καὶ πυνθανομένου τὴν αἰτίαν δι' ἣν αὐτὸν ἐκαλει, δειλιάσας ὁ γέρων ἔφη· « Ινα μου τὸν φόρτον ἄρῃς. » (Επιμύθιον)· Ο μῦθος δηλοῖ ὅτι πᾶς ἄνθρωπος φιλόζωος, εἰ καὶ δυςτυχεῖ καὶ πτωχός ἐστι.

III. ΓΑΛΗ. Γαλῆ, εἰς εργαστήριον εἰςελθοῦσα χαλκέως, τὴν ἐκεῖ κειμένην περιέλειχε ῥίνην. Ξυομένης δὲ τῆς γλώττης, αἷμα πολὺ ἐφέρετο. Η δε ἥδετο, νομίζουσα τι τοῦ σιδήρου ἀφαιρεῖν, ἄχρις οὗ παντελῶς πᾶσαν τὴν γλῶτταν ἀνήλωσεν. (Επιμύθιον)· Ο μῦθος πρὸς τοὺς ἐν φιλονεικίαις ἑαυτοὺς βλάπτοντας.

IV. ΧΕΛΩΝΗ ΚΑΙ ΑΕΤΟΣ. Χελώνη ἀετοῦ ἐδεῖτο, ἵπτασθαι αὐτὴν διδάξαι. Του δε παραινοῦντος πόῤῥω τοῦτο τῆς φύσεως αὐτῆς εἶναι, ἐκείνη μᾶλλον τῇ δεήσει προςέκειτο. Λαβὼν οὖν αὐτὴν τοῖς ὄνυξι, καὶ εἰς ὕψος ἀνενεγκὼν, εἶτ' ἀφῆκεν. Η δὲ, κατὰ πετρῶν πεσοῦσα, συνετρίβη. (Επιμύθιον)· Ο μῦθος δηλοῖ ὅτι πολλοὶ ἐν φιλονεικίαις, τῶν φρονιμωτέρων παρακούσαντες ἑαυτοὺς ἔβλαψαν.

V. ΟΝΟΣ ΚΑΙ ΑΛΩΠΗΞ. Ονος ενδυσάμενος λεοντῆν περιῄει, τἄλλα τῶν ζώων ἐκφοβῶν. Καὶ δὴ θεασάμενος ἀλώπεκα, ἐπειρᾶτο καὶ ταύτην

GREC.

—

FABLES D'ÉSOPE.

I. (Renardra). Renardra tit maisonro clvenirsira comédieni, va pugsê sī dii meublesī cexaminerra, gtrouverlii juva têteré masque de théâtresi hparfait crfaçonnéesiré, diré va cleversira rô patterô, gdirelii : fa pôre têtere, vôg cervelleé jéb gavoirli. (Affabulationsa) : A fablea tib gensô bmagnifiqueô zéb si corpssi, tūp zé espritro bsans raisonô.

II. (Vieillarda va morta). Vieillarda jod boissê ccoupersia, dobsê cportera, pujiré routeré gmarcheléi, va tôbé o pujio fatigueo cdéposersia têt lieuo pubo é fardeauê, é morté ginvoquerléi. O zé morto clprésentero, va cdemandero ré causeré tôbé dūbro dié gappelerléi, clcraintesia a vieillarda gdirelii : « Vêcḍai é fardeauê gsouleverrê. (Affabulationsa) : A fablea gmontrerli vad puda hommea baimer à vivrea, vī juvé lmalheureuxli va bpauvrea gli.

III. (Belettera). Belettera, tit boutiqueso clentrersia serrurieri, ré jêv crplacerré glécher autourléi limeré. Crécorcherro zé ro languero, sangsa pujisa renleverléi. Dira zé lse réjouirléi, cpenserra pubsé si fersi genleverś, têv dūbso hentier pudré ré langueré gconsumerlii. (Affabulation) : A fablea tib ô tit disputerô divê cblesserô.

IV. (Tortuera va aiglea). Tortuera aigleé gdemander instammentléi, lvolers diré ginstruiresis. Doo zé cavertiro jic dobsé ri natureri diri gse, dogra jâva ro prièrero linsistaitléi. Cprendresia vêj diré ô serreô, va tit hautso cenleversia, vod glâcherlii. Dira zé, tiv pierreô cltombersira, lfracassélii. (Affabulationsa) : A fablea gmontrerli vad pujiâ tit querellerô, é blsageê crefuser d'écoutersiâ divê gnuire àliô.

V. (Ânea va renardra). Ânea crevêtirsia b(peau) de lionré laller à l'entourléi, sêlpucsê sī animalsī ceffrayera. Va ja cvoirsia renardré, gessaverlii juva dobré δεδίττεσθαι. Η δὲ (ἐτύγχανε γὰρ αὐτοῦ φθεγξαμενου προακηκουῖα) πρὸς αὐτὸν ἔφη· « Ἀλλ' εὖ ἴσθι ὡς καὶ ἐγὼ ἄν σε ἐφοβήθην, εἰ μὴ ὀγκωμένου ἤκουσα. » (Επιμύθιον)· Ο μῦθος δηλοῖ ὅτι ἔνιοι τῶν ἀπαιδεύτων τοῖς ἔξω δοκοῦντες τινες εἶναι, ὑπὸ τῆς ἰδίας γλωσσαλγίας ἐλέγχονται.

VI. ΟΡΝΙΣ ΚΑΙ ΧΕΛΙΔΩΝ. Ορνις, ὄφεως ὠὰ εὑροῦσα, ἐπιμελῶς εκθερμάνασα, εξεκόλαψε. Χελιδὼν δε, θεασαμένη αὐτὴν, ἔφη· « Ω ματαία, τί ταῦτα τρέφεις, ἅπερ αὐξηθέντα ἀπὸ σοῦ πρώτης τοῦ ἀδικεῖν ἄρξεται; » (Επιμύθιον)· Ο μῦθος δηλοῖ ὅτι ατιθάσσευτός ἐστιν ἡ πονηρία, κἂν τα μέγιστα εὐεργετῆται.

VII. ΤΕΤΤΙΞ ΚΑΙ ΜΥΡΜΗΚΕΣ. Χειμῶνος ὥρᾳ, τῶν σίτων βραχέντων, οἱ Μύρμηκες ἔψυχον. Τέττιξ δὲ λιμώττων ᾔτει αὐτοὺς τροφήν. Οἱ δε μύρμηκες εἶπον αυτῳ· « Διὰ τί τὸ θέρος οὐ συνῆγες τροφήν; » Ο δε εἶπεν· « Οὐκ εσχόλαζον, ἀλλ' ᾖδον μουσικῶς. » οἱ δὲ γελάσαντες εἶπον· « Ἀλλ' εἰ θέρους ὥραις ηὔλεις, χειμῶνος ὀρχοῦ. » (Επιμύθιον)· Ο μῦθος δηλοῖ ὅτι οὐ δεῖ τινα αμελεῖν ἐν παντὶ πράγματι, ἵνα μὴ λυπηθῇ και κινδυνεύσῃ.

VIII. ΟΡΝΙΣ ΧΡΥΣΟΤΟΚΟΣ. Ορνιθά τις εἶχεν ὠὰ χρυσᾶ τίκτουσαν. Καὶ νομίσας ἔνδον αὐτῆς ὄγκον χρυσίου εἶναι, κτείνας εὕρηκεν ὁμοίαν τῶν λοιπῶν ὀρνίθων· ὁ δὲ, ἀθρόον πλοῦτον ἐλπίσας εὑρήσειν, καὶ τοῦ μικροῦ ἐστέρηται ἐκείνου. (Επιμύθιον)· Ο μῦθος δηλοῖ ὅτι δεῖ τοῖς παροῦσιν αρκεῖσθαι, καὶ τὴν ἀπληστίαν φεύγειν.

IX. ΚΟΛΟΙΟΣ ΚΑΙ ΠΕΡΙΣΤΕΡΑΙ. Κολοιὸς, ἔν τινι περιστερεῶνι περιστερὰς ἰδὼν καλῶς τρεφομένας, λευκάνας ἑαυτὸν, ἦλθεν, ὡς καὶ αὐτὸς τῆς αὐτῆς διαίτης μεταληψόμενος. Αἱ δὲ μέχρι μὲν οὗ ἡσύχαζεν, οἰόμεναι περιστερὰν αὐτὸν εἶναι, προςίεντο. Επεὶ δὲ ποτε ἐκλαθόμενος ἐφθέγξατο, τηνικαῦτα τὴν αὐτοῦ γνοῦσαι φύσιν, ἐξήλασαν παίουσαι. Καὶ ὅς, ἀποτυχὼν τῆς ἐνταῦθα τροφῆς, ἐπανῆκε πρὸς τοὺς κολοιοὺς πάλιν. Κἀκεῖνοι, διὰ τὸ χρῶμα αὐτὸν οὐκ ἐπιγνόντες, τῆς μετ' αὐτῶν διαίτης ἀπεῖρξαν, ὥςτε, δυοῖν επιθυμήσαντα, μηδετέρας, τυχεῖν. (Επιμύθιον)· Ο μῦθος δηλοῖ ὅτι δεῖ καὶ ἡμᾶς τοῖς ἑαυτῶν αρκεῖσθαι, λογιζομένους, ὅτι ἡ πλεονεξία, πρὸς τῷ μεδὲν ὠφελεῖν, ἀφαιρεῖται καὶ τὰ προςόντα πολλάκις.

geffrayers. Dora zé (lse trouverléi vêb dié clcriersié centendre d'avancesira) tib dio gdirelii : vôb jī gsavoirné vad juva daa zī déé gcraindrelia, vī jé clbrairé gentendrelia. (Affabulationsa) : A fablea gmontrerli vad dubâ ī ignorantī ū jic clsemblerâ pubaâ gse, tôbu ro bpropreró besoin de parlerro raccuserlô.

VI. (Poulera va hirondellera). Poulera, serpenti œufsê ctrouversira, hsoigneux créchaufférsira, gfaire éclorelii. Hirondellera zé, cvoirsira diré, gdirelii : fa binsenséré, vêf dobsê gnourrirlé, dūsâlzi craccroîtresisâ tib déro bpremierro sé lnuires gcommencerloô ? (Affabulationsa) : A fablea gmontrerli vad bnon apprivoiséra gli ra méchancetéra, valvī sô brgrandsô rbienfaitri.

VII. (Cigalea va fourmiâ). Hiveri saisonro, ô bléô clmouillersiô, â fourmiâ gfaire sécherléô. Cigalea zé clfaima gdemanderléi diū nourritureré. â zé fourmiâ gdireliū diu : « tôbé dôso so étéso jéb gamasserlié nourritureré ? » dia zé gdirelii : « jéb lavoir le tempsléa, vôb lchanterléa hmélodieux. » diâ zé clriresiâ gdireliô : « Vôb vī étési saisonrô, lsifflerlée, hiveri ldansené. » (Affabulationsa) : A fablea gmontrerli vad jéb lfalloirli dubé lnégligers tit pudso affaireso, vêc jé laffligerrii va ldangerrii.

VIII. (Poulera bpondre de l'orra). Pouleré duba gavoirléi œufssê borsê cpondreré. Va cpensersia jit diri masseé orsi gse, ctuersia gtrouverlii bsemblableré rī bresterī poulerī : dia zé, bmassifé trésoré cespoirsia gtrouversos, juvé o bpetito rpriverlii pogo. (Affabulationsa) : A fablea gmontrerli vad gfalloirli sô clprésentsô lse contenters, va ré insatiabilitéré gfuirs.

IX. (Geaia va colomberâ). Geaia, tit pubao colombiero colomberê cvoirsia jī crnourriré, cblanchirsīa divé, lvenirlii, vêc juva dia ré dupré nourritureré crecevoir pour sa partsoa. Dirâ zé, têv zéb dūso lse tairelii, cpenserrâ colomberé doé gse, lse joindreléô. Vova zé jodob cls'oubliersia lcrierlii, vob ré dii cconnaîtresirâ natureré, gchasserliô cfrapperrâ. Va dia, clprivésia ro jêga nourriturero, lrevenirlii tib ô geaiô juf. Valdogâ, tôbé so couleurso dié jéb creconnaîtresiâ, ro tibo dīī nourriturero grepousserliô, vū, pūéē cdésirersié, putéro lobtenirsis. (Affabulationsa) : A fablea gmontrerli vad lfalloirli va daê sô daī rcontenters, créfléchiré, vad ra cupiditéra, tud so jéd lutiles, genleverli juva sè biens actuelssê jopé.

ALLEMAND.

—

(Der Knabe und die Schlange). Ein Knabe spielte mit einer zahmen Schlange. Mein liebes Thierchen, sagte der Knabe, ich würde mich mit dir so gemein nicht machen, wenn dir das Gift nicht benommen wäre. Ihr Schlangen seid die boshaftesten, undankbarsten Geschöpfe! Ich habe es wohl gelesen wie es einem armen Landmann ging, der eine, vielleicht von deinen Urältern, die er halb erfroren unter einer Hecke fand, mitleidig aufhob, und sie in seinen erwärmenden Busen steckte. Kaum fühlte sich die Böse wieder, als sie ihren Wohlthäter biss; und der gute freundliche mann musste sterben.—Ich erstaune, sagte die Schlange. Wie parteiisch eure Geschichtschreiber sein müssen! Die unsrigen erzählen diese historie ganz anders. Dein freundlicher Mann glaubte, die Schlange sei wirklich erfroren, und weil es eine von den bunten Schlangen war, so steckte er sie zu sich, ihr zu Hause die schöne Haut abzustreifen. War das recht? — Ach schweig nur, erwiederte der Knabe. Welcher Undankbare hätte sich nicht zu entschuldigen gewusst!—Recht mein Sohn; fiel der Vater, der dieser Unterredung zugehört hatte, dem Knaben ins Wort. Aber gleichwohl, wenn du einmal von einem ausserordentlichen Undanke hören solltest, so untersuche ja alle Umstände genau, bevor du einen Menschen mit einem so abscheulichen Schandflecke brandmarken lässest. Wahre Wohlthäter haben selten Undankbare verpflichtet; ja ich will zur Ehre der Menschheit hoffen, — niemals. Aber die Wohltbäter mit kleinen eigennützigen Absichten, die sind es werth, mein Sohn, das sie Undank anstatt Erkenntlichkeit einwuchern.

(Der Rabe und der Fuchs). Ein Rabe trug ein Stück vergiftetes Fleisch, das der erzürnte Gärtner für die Katzen

ALLEMAND.

—

(A [enfant]a va ra [serpent]ra). Pūa [enfant]a l[jouer]léi tibo pūro b[apprivoisé]ro [serpent]ro. Pase b[cher]se [petite bête]se, g[dire]léi a g[enfant]a, da ma daé tibo déo jâjé b[familier]é jéb g[faire]s, vī déu sa [poison]sa jéb cr[enlevé]sa gréi. Dérâ [serpent]râ glū sâ br[méchant]sâ br[ingrat]sâ [créature]sâ! Da lia disé jī cr[lire]a vūv disa pūu b[pauvre]u [paysan]u l[arriver]lii, dūa pūré, jūv té pēī [ancêtre]ī, dūré dia h[demi] cr[gelé]ré tij pūro [haie]ro g[trouver]lii, b[compatissant]a g[relever]lii, va diré tit pio b[échauffer]é [sein]é g[mettre]lii. Jūg g[sentir]lii divré ra [méchant]ra juf, vad dira pié [bienfaiteur]é g[mordre]lii; va a b[bon]a b[doux]a [homme]a l[falloir]lii l[mourir]s. | Da l[étonner]la, g[dire]lii ra [serpent]ra. Vūv b[partial]â pêâ [historien]â gse g[falloir]rô! â pââ g[conter]lô pobré [histoire]ré jug h[autre]. Péa b[doux]a [homme]a g[croire]léi, ra [serpent]ra gri h[effet] cr[gelé]ra, va vêga disa pūra té rī b[couleur variée]rī [serpent]rī gléi, vob g[mettre]lii dia diré tib divo, diru têb [maison]ro ré b[beau]ré [peau]ré talg[dépouiller]s. Gléi dosa b[juste]sa? | Fū l[se taire]né juta, g[répliquer]lii a [enfant]a. Pôa [ingrat]a réi divé jéb ta g[excuser]s cr[savoir]a! | Jī pae [fils]e; l[intervenir]lii a [père]a, dūa pobro [entretien]ro cr[écouter]a lêi, i [enfant]i titso [parole]so. Vôb vôg, vov déa jupa té pubo b[extraordinaire]o [ingratitude]o l[entendre parler]s loé, vob g[examiner]né ja pudê [circonstance]ê b[précis]ê, jiga déa pūé [homme]é tūbo pūo jâjé b[odieux]o [tache]o g[flétrir]s g[laisser]ré. B[vrai]â [bienfaiteur]â liô h[rare] [ingrat]ê cr[obliger]â; ja da loa tībro [honneur]ro ri [humanité]ri g[espoir]s... Jopi. Vôb â [bienfaiteur]â tūbo b[petit]rô b[intéressé]rô [vue]rô, doâ glô disi b[digne]â, pae [fils]e, vad diâ [ingratitude]é tâbé [reconnaissance]ro g[retirer pour intérêt]lô.

(A [corbeau]a va a [renard]a). Pūa [corbeau]a g[porter]léi pūsé [morceau]sé b[empoisonné]si [viande]si, dūsé a b[irrité]a [jardinier]a tībé rô [chair]rô seines Nachbars hingeworfen hatte, in seinen Klauen fort. Und eben wollte er es auf einer alten Eiche verzehren, als sich ein Fuchs herbeischlich, und ihm zurief: sei mir gesegnet, Vogel des Jupiters!... Für wen siehst du mich an? fragte der Rabe..... Für wen ich dich ansehe? erwiederte der Fuchs. Bist du nicht der rüstige Adler, der täglich von der Rechten des Zeus auf diese Eiche herab kommt mich Armen zu speisen? Warum verstellst du dich? Sehe ich denn nicht in der siegreichen Klaue die erflehte Gabe, die mir dein Gott durch dich zu schicken noch fortfährt? — Der Rabe erstaunte, und freute sich innig, für einen Adler gehalten zu werden. Ich muss, dachte er, den Fuchs, aus diesem Irrthume nicht bringen. Grossmüthig dumm liess er ihm also seinen Raub herabfallen, und flog stolz davon. — Der Fuchs fing das Fleisch lachend auf, und frass er mit boshafter Freude. Doch bald verkehrte sich die Freude in ein schmerzhaftes Gefühl; das Gift, fing an zu wirken, und er verreckte. — Möchtet Ihr Euch nie etwas anderes als Gift erloben, verdammte Schmeichler.

(Der wilde Apfelbaum). In den hohlen Stamm eines wilden Apfelbaumes liess sich ein Schwarm Bienen nieder. Sie füllten ihn mit den schätzen ihres Honigs, und der Baum ward so stolz darauf, dass er alle andere Bäume gegen sich verachtete. — Da rief ihm ein Rosenstock zu : Elender Stolz auf geliehene Süssigkeiten! Ist deine Frucht darum weniger herbe? In diese treibe den Honig herauf, wenn du es vermagst; und dann erst wird der Mensch dich segnen!

(Die Wohlthaten). — I. — Hast du wohl einen grössern Wohlthäter unter den Thieren, als uns? Fragte die Biene den Menschen. — Ja wohl! erwiederte dieser. — Und wen? — Das Schaf? Denn seine Wolle ist mir notwendig, und dein Honig ist mir nur angenehm. — II. — Und willst du noch einen Grund wissen, warum ich das Schaf für meinen grössern Wohlthäter halte, als dich Biene? Das Schaf schenket mir seine Wolle ohne die geringste Schwierigkeit; aber wenn du mir deinen Honig schenkest, muss ich mich noch immer vor deinem Stachel fürchten.

pii [voisin]i cr[ieter]a lêi, tita pirô [griffe]rô jtiga. Va h[précis] g[vouloir]léi dia disé tiv pũro b[vieux]ro [chêne]ro g[manger]s, vov divé pũa [renard]a g[se glisser là]lii va diu g[céder]lii : gné dau cr[bénir]a, [oiseau]e i [Jupiter]i !... tâbé dôo g[voir]lé déa daé jtib? g[demander]lii a [corbeau]a.... tâbe dôo da déé g[prendre]la? g[répliquer]lii a [renard]a. Glé déa jéb a b[vigoureux]a [aigle]a, dũa h[jour] ti ro [droite]ro i [Jupiter]i tiv pobro [chêne]ro jêgti l[venir]li, daé [indigent]ô ta g[nourrir]s? Vêf g[dissimuler]lé déa déé? G[voir]la da vêj jéb tit ro b[victorieux]rô [griffe]ro ré cr[implorer]re [don]ré, dũré dau péa [dieu]a tũbu déo ta g[envois] juv g[continuer]li? | A [corbeau]a l[étonner]lii, va g[réjouir]lii divé h[intérieur], tâbé pũo [aigle]o cr[réputer]a ta gsé. Da g[falloir]la, g[penser]lii dia, é [renard]é tic pobo [erreur]o jéb g[mettre]... h[généreux] b[sot]a g[laisser]lii dia diu vêj pié [proie]é l[tomber]s, va l[vol]lii b[fier]a jélti. | A[renard]a g[prendre]lii sé [viande]sé cl[rire]a jtiv, va g[dévorer]lii disé tũbo b[malin]ro [joie]ro. Viba joy g[tourner]lii divré ra [joie]ra tũbi pũso b[douloureux]so [sentiment]so : sa [poison]sa g[commencer]lii jtib tab l[opérer]s, va dia l[crever]lii. | G[pouvoir]rêũ déâ deũ jopi pubsé pucsé vad [poison]sé g[gagner par des éloges]s b[maudit]ẽ [flatteur]ẽ !

(A b[sauvage]a [pommier]a). Tit o b[creux]o [tronc]o pũi b[sauvage]i [pommier]i g[(s'abattre)]lii divsé pũa [essaim]a [abeille]rĩ jtij. Dirâ g[emplir]liô dié tũbo ô [trésor]ô pĩi [miel]i, va a [arbre]a gléi jâjè b[fier]a jéltô, vad dia pudê pucê [arbre]ê tâbé divo g[mépris]léi. | Vo g[crier]lii diu pũa [rosier]a jtib : b[misérable]e [orgueil]e tũbé cr[prêter]rô [douceur]rô ! Gli péra [fruit]ra jéltôbê jlut b[âcre]ra? Tit dobro g[pousser]né é [miel]é jêgtiv, vĩ déa disé g[pouvoir]lé ; va vob vog loi a [homme]a déé g[bénir]s !

(Râ [bienfait]râ). | I. | G[avoir]lé déa jĩ pũé bl[grand]é [bienfaiteur]é tité sô [animal]sô, vad daê? G[demander]léi ra [abeille]ra u [homme]u. | Jag jĩl g[répliquer]lii doba. | Va dôé? | Sé [mouton]sé ! Vêb pira [laine]ra gli dau b[nécessaire]ra, va péa [miel]a gli dau juta b[agréable]a. | II. | Va g[vouloir]lé déa juv pũé [motif]é g[savoir]s, vêf da sé [mouton]sé tâbé pao bl[grand]o [bienfaiteur]é g[estimer]la, vâd déé [abeille]rê? Sa [mouton]sa g[accorder]li dau piré [laine]ré tut ro br[petit]ro [difficulté]ro ; vôb vov déa dau péé [miel]é g[accorder]lô, g[falloir]la da daé juv jop tig péo [aiguillon]o l[crainte]s.

ANGLAIS.

On qual'ities imme'diatly agree'able to oth'ers (Hume essays).

As the mu'tual shocks in *soci'ety*, and the opposi'tions of in'terest and self-love, have constrain'ed mankind' to estab'lish the laws of *just'ice*, in or'der to preserve' the advan'tages of mu'tual assis'tance and protec'tion; in like man'ner, the eter'nal contrari'eties, in *com'pany*, of men's pride and self-conceit', have introduced' the rules of GOOD-MAN'NERS or POLITE'NESS, in or'der to facil'itate the in'tercourse of minds, and an undisturbed' com'merce and conversa'tion. Among well-bred people, a mu'tual de'ference is affec'ted; contempt' of oth'ers disguised'; author'ity concea'led; atten'tion give'n to each in his turn; and an ea'sy stream of conversa'tion maintained', without' interrup'tion, without' ea'gerness for vic'tory, and without' any airs of superior'ity. These atten'tions and regards' are imme'diatly *agree'able* to oth'ers, abstrac'ted from any consid'eration of util'ity or benefic'ial ten'dencies : they concil'iate affec'tion, promote' esteem', and extreme'ly enhance' the mer'it of the per'son, who reg'ulates his behav'iour by them.

Man'y of the forms of bree'ding are ar'bitrary and cas'ual, but the thing expressed' by them is still the same. A Span'iard goes out of his own house before his guest to sig'nify that he leaves him mas'ter of all. In oth'er coun'tries the land'lord walks out last, as a comm'on mark of de'ference and regard'.

But, in or'der to ren'der a man per'fect *good-com'pany*, he must have WIT and INGENU'ITY as well as good-man'ners. What wit is, it may not be ea'sy to define'; but it is ea'sy sure'ly to deter'mine, that it is a qual'ity imme'diately agree'able to oth'ers, and commu'nicating, on its first appea'rance, a live'ly joy and satisfac'tion to ev'ery one who has an'y comprehen'sion

ANGLAIS.

—

Tīd qualité ô h immédiat b agréable ô tib ducô (Hume a essai â.

Vūv â b mutuel â contact â tit société o, va â opposition â té intérêt i va amour-propre i, liô cr forcer a humanité é ta g établir s é loi é té justice i, tūbi but o ta g garantir s é avantage é té b mutuel i assistance i va protection i; tū b semblable o manière o, â b éternel â conflit â, tit réunion o, té homme ī orgueil i va vanité i, liô cr introduire a é règle é té bonne manière ī vé politesse i, tūbi but o ta g faciliter s é correspondance é té esprit ī, va pūé b tranquille é relation é va conversation é. Tité bien élevé o gens o, pūa b mutuel a déférence a gli cr rechercher a; mépris a té ducī cr déguiser a; prérogative a cr caché a; attention a cr don a tib dugo tub pio tour o; va pūa b facile a cours a té conversation i cr maintenir a, tut interruption o, tut âpreté o tibé victoire i, va tut putô alr ô té supériorité i. Poâ attention â va égard â glô h immédiat b agréable â tib ducô, cr indépendant â ti pubo considération o té utilité i vé b bénéfice ī disposition ī : diâ g concilier lô affection é, g exciter lô estime é, va h considérable g rehausser lô é mérite é té i personne i, dūa g régler li pié conduite é tâbu diô.

Pujâ té ī forme ī té éducation i glô b arbitraire â va b accidentel, vôb a chose a cr exprimer a tūbu diô gli juv a pupa. Pūa Espagnol a l aller li jtic ti pio b propre o maison o tig pio hôte o tabé g indiquer s vad dia g laisser li diô maître é té pudsi. Tit pucô pays ô a maître de maison a l aller li jtic jida, vūv pua b simple a marque a té déférence i va égard i.

Vôb, tūbi but o ta g rendre s pué homme é b parfait é bonne compagnie é, dia g falloir li g avoir s esprit é va habileté é jâda jī vâd bonne manière é. Pôsé esprit a gli, disa g pouvoir li jéb gse b aisé sa ta g définir s; vôb disa gli b aisé sa h sûr ta g déterminer s, vad dia gli pūa qualité a h immédiat b agréable a tib ducô, va c communiquer a, tob pio pēo aperçu o, pūé b vif é joie é va satisfaction é tib pugo duo dūa g avoir li pubé intelligence é of it. The most profound' metaphys'ics, indeed', might be employed' in explain'ing the va'rious kinds and spe'cies of wit; and man'y classes of it, which are now received' on the sole tes'timony of taste and sen'timent, might, perhaps', be resolved' in'to more gen'eral prin'ciples. But this is suffic'ient for our pres'ent pur'pose, that it does affect' taste and sent'iment, and bestow'ing an imme'diate enjoy'ment, is a sure source of approba'tion and affec'tion.

In coun'tries where men pass most of their time in conver-sa'tion and vis'its, and assem'blies, these compan'ionable qual'ities, so to speak, are of high estima'tion, and form a chief part of per'sonal mer'it. In coun'tries where men live a more domes'tic life, and ei'ther are employed' in bus'iness, or amuse' themselves' in a nar'rower circle of acquain'tance, the more solid qual'ities are chief'ly regard'ed. Thus, I have often observed', that, among the French, the first ques'tions, with regard' to a stran'ger, are *Is he polite?* Has he wit? In our own coun'try, the chief praise bestowed' is al'ways that of a good-na'tured, sen'sible fe'llow.

In conversa'tion, the live'ly spi'rit of di'alogue is agree'able, e'ven to those who desire' not to have any share in the discourse': hence the tell'er of long sto'ries, or the pom'pous declai'mer, is ver'y little approv'ed of. But most men desire' like'wise their turn in the conversa'tion, and regard, with a ver'y e'vil eye, that *loquac'ity*, which deprives' them of a right they are nat'urally so jeal'ous of.

There is a sort of harm'less *li'ars*, fre'quent'ly to be met with in com'pany, who deel much in the mar'vellous. Their u'sual inten'tions is to please and entertain'; but as men are most deligh'ted with what they conceive' to be truth, these people mistake' extreme'ly the means of pleas'ing, and incur' univer'sal blame. Some indulg'ence, howev'er, to lying or fic'tion is give'n in *hu'morous* sto'ries, because' it is there re'ally agree'able and entertain'ing; and truth is not of an'y impor'tance.

té dii. A jâv b[profond]a [métaphysique]a, ja, g[pouvoir]méi gse cr[emploi]a tūb c[expliquer]o ê b[divers]ê [sorte]ê va [espèce]ê té [esprit]i; va pujâ [genre]â té dii, dūâ glô jog cr[recevoir]â tébu o b[seul]o [témoignage]o té [goût]i va [sentiment]i, g[pouvoir]méô, jūv, gse cr[fondre]a tit jâv b[général]ô [principe]ô. Vôb dosa gli b[suffire]sa tibé pâo b[présent]o [dessein]o, vad dia lai g[intéresser]s [goût]é va [illegible] va c[fournir]a pūé b[illegible] [satisfaction]ê, gli pua b[illegible]a [source]a té [approbation]i va [affection][illegible]

Tit [pays]ô jéb [illegible]â l[passer]lô jâj tê pīi [temps]i tūbi [conversation]o va [visite]ô, va [assemblée]ô, poâ b[compagnie]â [qualifié]a, jūb tabé l[parler]s, glô tâ b[haut]o [estime]o, va g[former]lô pūé b[principal]é [partie] té b[personne]i [mérite]i. Tit [pays]ô jêb [homme]â g[vie]lô pūé jâv b[de famille]é [vie]é, va vé glô cr[emploi]â tīb [affaire]ô, vé g[amuse]lô divé tit pūo bl[étroit]a [cercle]o té [connaissance]i, â jâv b[solide]â [qualité]â glô h[principal] cr[considérer]â. Jâg, da lia jopé cr[remarquer]a, vad, tité ô [Français]ô, â pēâ [question]â, tīb [illegible]o tib pūi [étranger]i, glô « Gli dia b[poli]a ? G[avoir]li dia [esprit]é ? » Tit [illegible] b[propre]o [pays]o, â b[principal]a [éloge]a cr[accorder]a gli jop doba té pūi b[bon naturel]i, b[sensible]i [garçon]i.

Tūbi [conversation]o, [illegible] b[vif]a [caractère]a té [dialogue]i gli b[agréable]a, juvé tib doô dūâ g[désirer]lô jéb ta g[avoir]s pubé [part]é tit o [discours]o : vêd a [conteur]a té b[long]ī [récit]ī, vé a b[pompeux]a [déclamateur]a, gli jâj jut cr[approuver]a jtū. Vôb pujaâ [homme]â g[désir]lô [illegible] pié [tour]é tit o [conversation]o, va g[regard]lô, tūbo pūo jâj b[mauvais]o [œil]o, pobé [loquacité]é, dūa g[priver]li diê tī pūo [droit]o diâ glô h[naturel] jâjé b[jaloux]â jté.

Jêv gli pūa [sorte]a té b[inoffensif]ī [menteur]ī, h[fréquent] ta gse cr[rencontr]éa jtūbe tit [compagnie]o, dūâ l[agir]lô juj tit o [merveilleux]o. Pīa h[ordinaire][illegible] [intention]a gli ta l[plaire]s va l[agréable]s; vôb vūv [homme]â glô [illegible] cr[charme]â tūbe dūbso diâ g[concevoir]lô ta gse [vérité]a, [illegible] g[prendre de travers]lô h[complet] ê [moyen]ê té cl[plaire]i, va g[subir]lé [illegible] [blâme]é. Puba [indulgence]a, viba, tūb cl[mentir]o vé [fiction]o [illegible] tit b[humoristique]ô [histoire]ô, v[illegible]lisa, gli jêv h[réel] [illegible] b[amusant]sa; va [vérité]a gli j[illegible] pubo [illegible]o.

Caen, typ. [illegible]

www.ingramcontent.com/pod-product-compliance
Ingram Content Group UK Ltd.
Pitfield, Milton Keynes, MK11 3LW, UK
UKHW020328250726
13967UKWH00004B/1916

9 782013 075824